MARTIN GROSSER

Anleitung zu der Landwirtschaft

———

ABRAHAM VON THUMBSHIRN

Oeconomia

QUELLEN UND FORSCHUNGEN ZUR AGRARGESCHICHTE

Herausgegeben von

PROFESSOR DR. DR. FRIEDRICH LÜTGE
München

PROFESSOR DR. GÜNTHER FRANZ
Stuttgart-Hohenheim

PROFESSOR DR. WILHELM ABEL
Göttingen

BAND XII

MARTIN GROSSER

Anleitung zu der Landwirtschaft

ABRAHAM VON THUMBSHIRN

Oeconomia

Zwei frühe deutsche Landwirtschaftsschriften

herausgegeben von

GERTRUD SCHRÖDER-LEMBKE

GUSTAV FISCHER VERLAG · STUTTGART

1965

©
Gustav Fischer Verlag Stuttgart
1965
Alle Rechte vorbehalten
Satz und Druck: A. Oelschläger'sche Buchdruckerei, Calw
Einband: Sigloch, Künzelsau/Württ.
Printed in Germany

Inhalt

Einleitung

MARTIN GROSSERS «Anleitung zu der Landwirtschaft» (Görlitz 1590) und ABRAHAM VON THUMBSHIRNS «Oeconomia» (herausgegeben von CASPAR JUGELIUS, Leipzig 1616) gehören zu den ältesten Schriften der deutschen Agrarliteratur. Sie sind beide im letzten Drittel des 16. Jahrhunderts entstanden, in einer Zeit also, in der es landwirtschaftliche Druckschriften in deutscher Sprache noch kaum gab. Im Mittelalter hatte das Interesse des schreibenden Menschen fast ausschließlich auf geistlichem und daneben auf literarischem Gebiete gelegen. Zwar wurden in den Klöstern gelegentlich auch Anweisungen über den Anbau von Heilpflanzen und über das Veredeln von Obstbäumen niedergeschrieben, wie uns verschiedene «Kräuterbücher» und «Pelzbüchlein» beweisen[1]. Aus ritterlicher Sicht heraus entstanden kleine Schriften über Jagd und Pferdezucht, wie das Falkenbuch Kaiser FRIEDRICH II. von Hohenstaufen oder das Roßarzneibuch MEISTER ALBRANTS. Mit der landwirtschaftlichen Arbeit aber haben sich weder die Geistlichen noch die Adligen in ihren Schriften beschäftigt, denn diese lag in den Händen der Bauern, welche des Lesens und Schreibens unkundig waren und die Regeln und Erfahrungen ihrer Tätigkeit allein in mündlicher Tradition weitergaben.

Das Interesse an speziellen Landwirtschaftsschriften erwachte erst, als im 16. Jahrhundert die gebildeten Stände, die Adligen und Geistlichen, in unmittelbare Berührung mit der landwirtschaftlichen Arbeit kamen.

Der Adel hatte durch das Aufkommen der Feuerwaffen und des Söldnerwesens seine traditionelle militärische Aufgabe weitgehend verloren. Die wirtschaftliche Krise des 15. Jahrhunderts hatte ihm den auf Rentenbezug gegründeten Lebensunterhalt stark geschmälert oder gar entzogen. Er wandte sich daher, vor allem in den nördlichen und östlichen Teilen des Reiches, vielfach der Bebauung und der Vergrößerung des eigenen Bodens zu: aus dem Grundherrn, der Abgaben von seinen Bauern bezog, sich aber um deren Arbeit nicht weiter kümmerte, wurde der Gutsherr, der selbst seine Landwirtschaft leitete. Nun erst entstand ein wirkliches Bedürfnis, schriftliche Anleitungen für die Abfolge der landwirtschaftlichen Arbeiten zu besitzen, denn anders als die jungen Bauern erlernten die jungen Gutsherrn das Wirtschaften nicht aus der Praxis heraus. «Weil die mehrsten von Adel», so sagt CASPAR JUGEL in seinem Vorwort, «in ihrer Jugend nit zur Haushaltung, sondern entweder zum Studieren oder zu Kriegsachen gehalten, oder in fremde Länder, etwas zu erfahren verschicket werden (welche

---

[1] Vergl. W. L. SCHREIBER: Die Kräuterbücher des 15. und 16. Jahrhunderts. (München 1924.) pelzen aus lat. impeltare = pfropfen, veredeln.

Stücke alle löblich), so befindet es sich nachmals, daß das Haushalten, wie gern sie auch wolten, ihnen nicht von Statten gehen wil.» Diesen «jungen Haushältern von Adel» zu dienen, sei sein vornehmster Grund, die Aufzeichnungen Thumbshirns zu veröffentlichen.

Aber auch die Theologen begannen im 16. Jahrhundert, sich für die Landwirtschaft zu interessieren. Die Ursache dafür liegt in den Umgestaltungen, die der geistliche Stand durch die Reformation erfuhr. Einmal schuf Luthers Lehre von der Werktagsheiligung ein neues positives Verhältnis zur täglichen Arbeit und zur wirtschaftlichen Tätigkeit. Sodann entstand in den protestantischen Teilen Deutschlands der Stand des Dorfpastors, der selbst Hausvater und Landwirt war, da er seine Pfarrhufe nicht mehr verpachtete, sondern in eigener Regie bewirtschaftete. Wegen seiner schlechteren wirtschaftlichen Lage war der evangelische Landpfarrer auch darauf angewiesen, sein Land gut zu bebauen und sich um höhere Erträge und bessere Methoden zu bemühen.

Der wichtigste Anstoß für die Entwicklung einer landwirtschaftlichen Fachliteratur aber ging aus von dem Beispiel der antiken Autoren. Bei ihren Studien der klassischen Literatur entdeckten die Humanisten, daß die Römer neben den Dichtungen auch zahlreiche Schriften hinterlassen hatten, die sich speziell mit der Landwirtschaft beschäftigten. Diese griechisch-römischen Agrarschriften nun machten die Gelehrten ihren Landsleuten durch deutsche Übersetzungen zugänglich.

So übersetzte Michael Herr schon in der 1. Hälfte des 16. Jahrhunderts Schriften des Palladius und des Columella sowie die «Geoponica», ein Sammelwerk über die Landwirtschaft, das um 900 in Byzanz zusammengestellt worden war. Die Anregungen der antiken Agrarschriften wurden zunächst in Italien und in Frankreich mit eigenen Beobachtungen verknüpft und zu neuen, umfänglichen Landwirtschaftskompendien umgestaltet und ausgebaut. Auch diese wurden im 16. Jahrhundert mehrfach, teils in der Originalsprache, teils in deutscher Übersetzung, in Deutschland gedruckt, verbreitet und zitiert. Das «Praedium Rusticum» des Franzosen Charles Etienne (Carolus Stephanus) wurde sowohl durch den Straßburger Arzt Melchior Sebicius als auch durch Georg Marius und Joh. Fischart ins Deutsche übertragen. Der Augsburger Arzt Jeremias Martius bearbeitete in seinen «Siben Bücher von dem Feldbau und Ackerwerk» (Straßburg 1580) nicht nur die antike Agrarliteratur, sondern auch die Schriften des Italieners A. Gallo. Das Landwirtschaftsbuch des Italieners Piero de Crescenzi wurde in mehreren Drucken und Übersetzungen bekannt und wird immer wieder zitiert.

Allen diesen Landwirtschaftsschriften gegenüber verhielt man sich in Deutschland zunächst rein rezeptiv. Man gestaltete sie nicht nach den eigenen Verhältnissen und Bedürfnissen um.

Den ersten Versuch zu eigener Konzeption zeigt die Schrift «De re rustica» des niederrheinischen Humanisten und Landwirts Conrad Heresbach (Köln 1570). Er läßt in seine lateinisch geschriebene und nach antikem Vorbild in kunstvoller Dialogform verfaßte Landwirtschaftslehre interessante Schilderungen rheinischer Landwirtschaft einfließen. Das Werk hat bis 1600 vier Auflagen erlebt und wird in den späteren Hausväterbüchern viel zitiert, aber die lateinische Sprache hinderte doch seine Wirkung auf die praktische Landwirtschaft.

So sind THUMBSHIRN und GROSSER die ersten, die in deutscher Sprache und für den praktischen Gebrauch deutscher Landwirte ihre Schriften verfaßten[2].

Von der antiken Landwirtschaftsliteratur halten sich beide weitgehend unabhängig. MARTIN GROSSER, der als Theologe eine klassische Bildung besitzt und die lateinischen Schriften kennt, hält sich bewußt von ihrem Vorbild fern. Er weist ausdrücklich darauf hin, daß ihre Regeln und Vorschriften für ganz andere Klima- und Bodenverhältnisse gälten. «Ob schon viel Bücher dieser Art in mancherlei Sprachen ausgangen, so sind doch die meisten oder das meiste darinnen, wie man sagt, neque coeli nostri, neque soli nostri. In diesem Büchlein aber weise ich, was nach unser Landart gehalten wird und gehalten werden sol.»

Die Landart, von der GROSSER spricht, ist die Niederschlesiens, der Gegend nördlich von Breslau. Wie er in seinem Vorwort berichtet, lebte er seit 25 Jahren als Pfarrer im Dorfe Schewitz (Schebitz, Kreis Trebnitz)[3]. Durch die Bewirtschaftung seiner Pfarrländereien hatte er in der langen Zeit viele Beobachtungen und Erfahrungen gesam-

melt. Diese und die Auskünfte der Bauern über ihre Arbeit schrieb er in schlichter Form auf, ohne zunächst an ihre Veröffentlichung zu denken. Auch die Dialektausdrücke für die landwirtschaftlichen Geräte und ihre Teile interessierten ihn, auch sie hat er treulich aufgezeichnet, so wie er sie im Dorfe gehört hatte. «Ist wol war, daß kein Drescher aufm Dorf so geringe, der sie nicht alle auswendig köndte, da sie doch dagegen den Allergelehrsten mehrenteils ofte solten Cauderwelsch gnugsam vorkommen, denn ein jede Kunst, wie geringe sie auch ist, hat ihre vocabula technologica.» (S. 55.) Gerade diese feste Lokalisierung seiner Angaben macht GROSSERS Schrift zu einer wertvollen agrargeschichtlichen Quelle.

[2] Die von MAX GÜNTZ noch genannte kleine Schrift von THOBIAS MOLLER: Sommer Feldbau, kurze und eigentliche Verzeichnüs, wie und zu welcher Zeit das Feld recht zu bestellen. Jena 1583, ist keine Landwirtschaftsschrift, sondern ein astrologischer Kalender auf das Jahr 1583, in dem die von den Gestirnen begünstigten Aussaatzeiten der Sommersaaten aufgezeichnet sind.

[3] Das Ordinationsverzeichnis des protestantischen Konsistoriums in Brieg (1564–1573) präzisiert diese Angabe: am 11. Januar 1564 wird ein MARTINUS MAJOR aus Breslau, der bisher Rector der Schule in Bernstadt war, zum Pfarrer in Schebitz bei Trebnitz ordiniert. MAJOR ist zweifellos die latinisierte Form von GROSSER. Zeitschrift des Vereins für Geschichte und Alterthum Schlesiens, XXX, 1897 S. 292 nach dem Zitat von INGLOT.

Daß die niedergeschriebenen Beobachtungen zu einer runden Darstellung geformt und zum Druck gebracht worden sind, ist offenbar das Verdienst von GROSSERS Grundherrn und Patron NICLAS RHEDINGER auf Striesa (Striese bei Stroppen, Kreis Trebnitz). Dieser war selbst ein interessanter Mann. Er war das Haupt einer der reichsten Patrizierfamilien Breslaus[4], und seine Geschäfte gingen weit über Schlesien hinaus, unterhielt er doch eigene Handelskontore in Antwerpen und Danzig. Daneben beschäftigte er sich jedoch mit Vorliebe mit literarischen Studien und bildete, zusammen mit seinem Bruder JAKOB RHEDINGER und seinen Freunden JAKOB MONAU[5], JOHANN CRATO[6]), LAURENZIUS SCHOLK und anderen ein Zentrum humanistischer Gelehrsamkeit in Breslau[7].

RHEDINGER hatte 1567, also kurz nach GROSSERS Ordination, Schebitz und Striesa angekauft und in Striesa seinen Wohnsitz genommen[8]. GROSSER berichtet, daß er «ein sonder Herzgefallen am Feldbau und seligem Erdwucher» gewann und gerne darüber zu «conferirn, reden und hören» pflegte. So nahm er an GROSSERS Aufzeichnungen lebhaften Anteil. Um 1585 bat er den Pfarrer um einen eingehenden Bericht über den Ackerbau und die Viehzucht seiner Gegend. GROSSERS Niederschrift fand dann auch bei den benachbarten Grundherren Interesse und mußte mehrfach ab- und umgeschrieben werden. Endlich drängten RHEDINGER und sein Freund JACOB MONAU, GROSSER möchte sein Ackerbüchlein drucken lassen; vermutlich haben sie ihm auch die Mittel für den Druck zur Verfügung gestellt.

Im Stil ist GROSSERS Darstellung verhältnismäßig schlicht und sachlich gehalten, nur die Vorrede mit der Widmung an NICLAS RHEDINGER ist in der umständlichen und floskelhaften Sprache verfaßt, welche für jene Zeit charakteristisch ist. Die Anordnung des Stoffes ist nicht nach antikem Schema geschehen, sondern zeigt einen systematischen Aufbau, der sich nach der zeitlichen Folge der Aussaat richtet: er beginnt mit dem Wintergetreide und der dazu üblichen Ackerbestellung, dann folgt das Sommergetreide, die Sonderkulturen, die Viehzucht und endlich ein «Catalog» mit den Benennungen der schlesischen Ackergeräte. Immer wieder betont GROSSER, daß er nur das berichten wolle, was in seiner Gegend wirklich gebräuchlich sei. Er will nicht eigentlich Neuigkeiten einführen und die Arbeit seiner Bauern reformieren, wie es seine Amtsbrüder der Aufklärungszeit später wollten, sondern die eigenen Erfahrungen und die seiner Nachbarn einem größeren Kreise zugänglich machen: «wie es gehalten wird und wie es gehalten werden soll».

Es ist ihm nicht um schriftstellerischen Ruhm zu tun, er fordert im Gegenteil seine Landsleute ausdrücklich auf, seine «geringe Entwerfung» wohl aufzunehmen und sie

---

[4] Die Schreibung des Namens wechselt zwischen RHEDINGER, RHEDIGER, REHDIGER und anderen Formen.

[5] JAKOB MONAU (1546–1603) war gleichfalls ein reicher Breslauer Patrizier und Humanist. Er studierte in Leipzig, machte weite Reisen in Italien, Frankreich und Holland und war ein Liebhaber der humanistischen Studien. Vergl. JÖCHER: Allgemeines Gelehrten-Lexicon, Leipzig 1761 3. Bd. S. 610.

[6] JOHANN CRATO galt als einer der besten Ärzte seiner Zeit. Er lebte von 1519 bis 1585, teils in seiner Vaterstadt Breslau, teils als kaiserlicher Leibarzt in Wien.

[7] J. F. GILLET: Crato von Crafftsheim und seine Freunde. (Frankfurt a. Main 1860) S. 77. «Die Familie Rehdiger in Breslau».

[8] Nach INGLOTS Angabe befindet sich im Breslauer Archiv im Liber magnus I fol 278 eine Vollmacht Maximilians für die Herzöge von Münsterberg zum Verkauf von Striesa und Schebitz vom 20. Juni 1567.

weiter zu vermehren und vervollkommnen. «Werde ich mit dieser geringen Schrift jemand aufwecken, der dieses Argumentum ausführlicher und mechtiglicher an Tag geben wird, wil ich mich bedünken lassen, ich habe sehr viel ausgericht.» Er hegt die Absicht, noch ein zweites Buch herauszubringen, in welchem er über den Gartenbau sowie über bäuerliche Wetterregeln schreiben will. Ob er diesen Plan in die Tat umgesetzt hat, wissen wir nicht, da uns über GROSSERS Leben nur das bekannt ist, was er selbst in diesem Werkchen über sich berichtet hat.

Dieselbe Unabhängigkeit von der antiken Agrarliteratur können wir auch bei unserer zweiten Schrift feststellen, bei ABRAHAM VON THUMBSHIRNS «Oeconomia». Es ist sehr fraglich, ob THUMBSHIRN diese literarische Tradition überhaupt gekannt hat. Er ist kein humanistisch gebildeter Mann, wie GROSSER es doch war, sondern ein Praktiker der Verwaltung, der seine Schrift zum unmittelbaren Gebrauch für sich und seine Untergebenen verfaßt hat. Antike Zitate kommen kaum vor, und wenn, dann sind sie, wie die Anekdote von PLINIUS auf S. 66, offenbar von seinem Herausgeber CASPAR JUGEL eingeführt.

Aber einem anderen Strange der Überlieferung ist THUMBSHIRNS Schrift zuzuordnen: dem der grundherrlichen Wirtschaftsanweisung. Dieser literarischen Gattung, die neben der antiken Überlieferung und der eigentlichen Hausväterliteratur herläuft, hat man bisher wenig Beachtung geschenkt, weil sie zumeist ungedruckt geblieben ist und nur in Handschriften umlief. BRUNNER[9] hat ihr wohl als erster einen besonderen Platz in der Vorgeschichte der modernen Agrarwissenschaft eingeräumt.

Die grundherrlichen Wirtschaftsinstruktionen sind aus der Verwaltungspraxis der großen Begüterungen erwachsen. In ihnen sind die Pflichten und Aufgaben der grundherrlichen Beamten aufgezeichnet, welche die oft riesigen Besitzungen der kirchlichen und privaten Grundherrschaften sowie den Domänenbesitz der Landesherren zu verwalten hatten. «Dieses Monatsmemorial soll keineswegs stäubicht werden, sondern das Monat, in welchem man ist, allzeit offen auf des Hauptmanns, Pflegers oder Verwalters Tische liegen», heißt es bezeichnenderweise in einer dieser Instruktionen[10]. Sie waren nicht für die Öffentlichkeit bestimmt und liefen nur in Handschriften um. Als sie nicht mehr gebraucht wurden, sind sie zumeist vernichtet oder bestenfalls in den Archiven begraben worden.

Bisher sind nur wenige dieser lebensnahen und daher höchst instruktiven Wirtschaftsbücher veröffentlicht und damit der agrargeschichtlichen Forschung zugänglich gemacht worden. Die kursächsischen Wirtschaftsanweisungen, welche 1910 von ERMISCH-WUTTKE in einer guten wissenschaftlichen Edition herausgegeben wurden, sind nach Ort und Zeit unserer «Oeconomica» unmittelbar benachbart[11]. Zwei weitere deutsche Wirtschaftsbücher aus dem 16. Jahrhundert sind uns nur dem Namen nach bekannt und scheinen verlorengegangen zu sein: aus Schleswig-Holstein die umfangreichen Anweisungen, welche der holsteinische Adlige und Humanist HEINRICH RANTZAU für seine Güter verfaßte, die uns nur durch die Zitate von HOHBERG bekannt ge-

[9] OTTO BRUNNER, Adeliges Landleben und europäischer Geist. Leben und Werk Wolf Helmhards von Hohberg 1612–1688. (Salzburg 1949) S. 271.

[10] Fürstlich Liechtensteinische Wirtschaftsinstruktion. BRUNNER nach Hohbergs Zitat.

[11] H. ERMISCH und R. WUTTKE, Haushaltung in Vorwerken. Ein landwirtschaftliches Lehrbuch aus der Zeit des Kurfürsten August von Sachsen (Leipzig 1910).

worden sind[12], aus der Mark das «Arnimbsche Wirtschaftsbuch», das im 18. Jahrhundert noch erhalten war[13], aber seither ganz verschollen ist.

Erhalten, jedoch bisher noch ungedruckt geblieben sind mehrere österreichische Instruktionen, das «Haushaltungsbüchel» des PHILIPP JAKOB VON GRÜNTHAL, die schon erwähnte «Fürstlich Lichtensteinsche Wirtschaftsinstruktion», das «Wirtschaftsbüchel» des GEORG ZECHENPERGER, der dem Grafen SCHAUNBERG als Kanzler diente, und andere mehr[14]. Wir können annehmen, daß neben diesen, uns zufällig erhaltenen oder auch nur zitierten Anweisungen noch zahlreiche andere geschrieben worden sind, die ohne Spur verlorengegangen sind.

Aus einer solchen grundherrlichen Wirtschaftsanweisung nun ist THUMBSHIRNS «Oeconomia» hervorgegangen. «Dieser ganze tractatus oeconomicus ist anfenglich nichts anders, als eine Bestallung der Schösser gewesen», sagt CASPAR JUGEL in der zweiten Auflage der Oeconomia ausdrücklich in einem hinzugefügten Abschnitt über die Schösser und Schreiber. Er habe selber Exemplare der Handschrift gesehen, darin der Name der Schösser noch erwähnt gewesen sei und ihnen ernstlich anbefohlen wäre, diese Instruktion zu befolgen. THUMBSHIRN habe sie nämlich zunächst für die Verwalter seiner eigenen Güter verfaßt[15], «weil er, seliger, die meiste Zeit seines Lebens an Churf. Sächs. Hofe zubringen müssen.» «Auf Anbefehlen des Kurfürsten August, den kurfürstlichen Vorbergen zum Besten» habe THUMBSHIRN dann diese Instruktion erweitert, es seien immer «mehr Punkte und Stücke darzu kommen, bis endlichen das Hausbuch daraus worden.»

Um diese Hinweise richtig zu verstehen, müssen wir der Lebensgeschichte ABRAHAM VON THUMBSHIRNS nachgehen. Wir wissen über sie verhältnismäßig viel, weil die Epoche, in der er lebte, mehrfach von der Geschichtsforschung behandelt worden ist.

ABRAHAM VON THUMBSHIRN war ein sächsischer Großgrundbesitzer, dessen Familie im sächsischen Verwaltungsdienst aufgestiegen war. Sein Vater, WILHELM THUMBSHIRN, wird 1545 als Amtmann in Werdau genannt. Er erwarb 1543 bei der Säkularisation des sächsischen Nonnenklosters Frankenhausen das Klostergut. Sein Sohn Abraham wurde 1535 geboren. Er erwarb zu dem väterlichen Gute Frankenhausen 1568 die Begüterung Ponitz aus dem Besitz der Familie VON ENDE hinzu, eine Grundherrschaft, welche die Dörfer Ponitz, Hainichen, Schönhain, Kauritz, Rausdorf, Tautenhain, Gieba, Köthel, Gablenz und Waldsachsen ganz oder teilweise umfaßte[16]. Später war außerdem noch das Gut Kauffungen (bei Glauchau) in seinem Besitz.

---

[12] O. BRUNNER, a. a. O., S. 269.

[13] Der Cameralist Fischer berichtet, daß das Arnimsche Wirtschaftsbuch aus dem 16. Jahrhundert durch Bernhard von Arnim mit Cameralibus politicis stattlich vermehrt worden sei. H. A. FISCHER, Versuch einer historisch pragmatischen Beschreibung der alten deutschen Oeconomie. (Leipzig 1755) S. 28.

[14] VACLAV CERNY und WERNER STARK (ZA. 5. Jg., S. 20 ff) haben solche grundherrliche Instruktionen ihren Schilderungen der böhmischen Landwirtschaft des 17. und 18. Jahrhunderts zugrundegelegt. Vergl. auch F. POSCH, Die Neudauer Herrschaftsinstruktionen als wirtschafts- und sozialgeschichtliche Quelle (Mitt. des österr. Staatsarchivs 14, 1961, S. 265–87 und Zeitschrift des Hist. Vereins f. Steiermark 53, 1962, S. 145–54). Die Herrschaft Neudau des Grafen Koztulinsky lag an der steirisch-ungarischen Grenze.

[15] Das bestätigt auch der Einschub über die Ochsenhaltung auf den Gütern Frankenhausen und Ponitz, S. 90.

[16] Diese Einzelheiten verdanke ich den brieflichen Mitteilungen von Herrn Dr. Harm Wiemann, Aurich.

THUMBSHIRN muß sich als ungewöhnlich guter Wirtschafter einen Namen gemacht haben. Jedenfalls trat 1569 der Kurfürst August von Sachsen, selber ein wirtschaftlich sehr interessierter und tätiger Mann, an ihn heran, um ihn für seine Domänenverwaltung als Aufsichtsbeamten zu gewinnen. Am 2. April 1569 wurde er zum kurfürstlichen Hofmeister ernannt, insbesondere für den Dienst der Kurfürstin Anna, welcher der Kurfürst seine Domänengüter unterstellt hatte.

Seine Bestallung steht offenbar in Zusammenhang mit einer Neuorganisation der Verwaltung. August, welcher zu Beginn seiner Regierungszeit die Tendenz hatte, Teile seiner Ländereien in Pacht oder Erbpacht fortzugeben, entschloß sich um diese Zeit, wieder zur Selbstverwaltung der kurfürstlichen Vorwerke überzugehen, diese aber unter eine strengere Kontrolle zu stellen[17]. Er ernannte 5 Vorwerksbefehlshaber

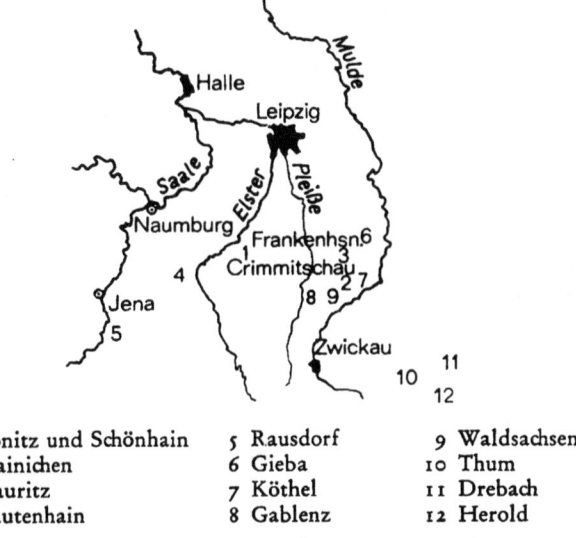

1 Ponitz und Schönhain	5 Rausdorf	9 Waldsachsen
2 Hainichen	6 Gieba	10 Thum
3 Kauritz	7 Köthel	11 Drebach
4 Tautenhain	8 Gablenz	12 Herold

und unterstellte ihnen 72 Vorwerke; ABRAHAM VON THUMBSHIRN, den Hofmeister seiner Gemahlin, setzte er als obersten Kontrollbeamten ein.

In der vom 28. Dezember 1570 datierten Bestallungsurkunde wird THUMBSHIRN aufgetragen, die landesherrlichen Vorwerke «oftmals von Haus aus zu bereiten» und dem Kurfürsten und seiner Gemahlin darüber zu berichten. Ein agrargeschichtlich höchst interessanter Bericht THUMBSHIRNS über eine solche Besichtigungsreise zu Pferd aus dem Jahre 1571 ist uns erhalten und wurde von HARM WIEMANN im Jahre 1940 veröffentlicht[18]. Nach einem gleichbleibenden Frageschema: «Erstlichen die Gelegenheit und Landart des Ackerbaues», «Zum andern, wie es befunden», «Zum Dritten, wie es der Gelegenheit nach am nutzlichsten und besten anzustellen», werden darin systematisch alle Vorwerke beschrieben und ihre Wirtschaft kritisiert. Die Kurfürstin, an

[17] JOH. FALKE, Die Geschichte des Kurfürsten August von Sachsen in volkswirtschaftlicher Hinsicht (Leipzig 1868) S. 85/86.
[18] HARM WIEMANN, Bericht über die Visitation der kurfürstlichen Vorwerke im Jahre 1571 von Abraham von Thumbshirn, 1940 (Sonderdruck der «Crimmitschauer Stadt- und Landzeitung»).

welche der Bericht ging, erhielt hierdurch ein treffendes Bild der kurfürstlichen Besitzungen und gleichzeitig fachmännischen Rat, wie man den Mängeln abhelfen könne.

Diese gut durchdachten, klaren Berichte THUMBSHIRNS werden den Kurfürsten auf den Gedanken gebracht haben, THUMBSHIRN eine allgemeingehaltene Wirtschaftsanleitung zur Belehrung seiner anderen Amtsleute schreiben zu lassen. Diese Aufgabe hat er offenbar auch andern seiner Beamten gestellt, wie er auch selbst ein «Künstliches Obstgartenbüchlein» verfaßt hat[19], das 1571 im Druck erschien und drei Auflagen erlebt haben soll. ERMISCH und WUTTKE haben eine Reihe solcher sächsischer Wirtschaftsinstruktionen aus den Handschriften zum Abdruck gebracht. Sie haben gewisse Ähnlichkeiten im Aufbau mit der «Oeconomia», sind aber sonst voneinander unabhängig, jedoch um dieselbe Zeit entstanden[20].

Über das weitere Schicksal der THUMBSHIRNschen «Oeconomia» berichtet uns JUGEL. Das Büchlein sei von vielen vornehmen Leuten seines Landes oft abgeschrieben und hochgehalten worden und ihnen sehr dienlich gewesen, «weil es kurz und eigentlich auf unser Landart gestellet». Durch das vielfältige Abschreiben und Erweitern hätten sich jedoch auch Fehler und Mißverständnisse eingeschlichen, «ja, es hat sich auch einer unterstanden, eine gute portionem von diesem Tractat unter seinem Namen zu publizieren»[21]. Solchen Plagiatoren zu steuern, dem gemeinen Nutzen aber zu dienen, entschließt sich CASPAR JUGEL 1616, lange nach THUMBSHIRNS Tode (1593), dessen Schrift in Druck zu geben. Nach seinen eigenen Angaben hat er seinen Text nach mindestens einer Originalhandschrift THUMBSHIRNS und mehreren Exemplaren der Abschriften hergestellt, «alle Fehl und Mangel zum fleißigsten corrigiert», und die fremden Zusätze ausgesondert, um sie später als Nachtrag zu bringen. In der 2. Auflage 1617 hat er diese Zusätze in etwas abweichendem Druck jeweils an der entsprechenden Textstelle eingefügt. Er gibt auch eigene, sehr wortreiche Einschübe hinzu, eine Anleitung zur Vertilgung von Maulwürfen und in der 2. Auflage außerdem noch einen «Abriß der Sperling- und anderer Vogelfang», die beide in unserer Ausgabe fortgelassen worden sind.

Von der Person dieses Herausgebers wissen wir wenig mehr als das, was er selbst von sich mitteilt. Er stammt aus Crimmitschau, also aus nächster Nachbarschaft der THUMBSHIRNschen Güter, und hat den Herren von Wiedebach auf Thum als «Schösser» oder Rentmeister gedient[22]. Seine Ergänzungen gehen entweder auf etwas umständliche technische Beschreibungen von Maulwurfs- und Vogelfallen, oder aber sie ergehen sich

---

[19] JOH. FALKE, a. a. O., S. 114.

[20] H. ERMISCH und R. WUTTKE, a. a. O. Ermisch-Wuttke haben auf Grund von Kalender- und Preisangaben die Entstehung der Handschriften auf die Zeit 1569/70 datiert. In der «Oeconomia» sind die Pachtwerte des Jahres 1570 zugrunde gelegt, worauf Jugel noch ausdrücklich hinweist (S. 68).

[21] Wahrscheinlich meint Jugel hiermit den Verfasser des bekanntesten Hausbuches, Johannes Colerus, der 1606 einen Nachtrag zu seinem «Calendario perpetuo» herausgab, den er «Liber Quodlibeticus» nannte, und in welchem der Arbeitskalender des Thumbshirn, eingefügt in einen Marktkalender, ohne Verfasserangabe abgedruckt wird. Übrigens hat Colerus auch Teile der Grosserschen Schrift ohne Namensnennung aufgenommen.

[22] Nach Mitteilung von Herrn Dr. LINDNER in Crimmitschau wurde er als Sohn eines Schusters am 17. April 1581 geboren. Als Taufpaten werden genannt: der Notarius Publicus Johann Weisenhof und der Schösser Paulus Wolf zu Blankenhain, einem Schloß und Gut in der Nähe von Crimmitschau. Diese Taufpaten werden sich um sein Fortkommen bemüht und ihn in die Laufbahn eines grundherrlichen Gutsverwalters gebracht haben.

in Klagen über die Unredlichkeit und Aufsässigkeit des Gesindes. Aber mag er selbst auch kein guter Schriftsteller sein, so bleibt es doch sein Verdienst, THUMBSHIRNS Aufzeichnungen der Nachwelt erhalten zu haben. Neue Auflagen, eine von 1675 und eine von 1705, zeigen, daß die «Oeconomia» als Lehrbuch für die praktischen Landwirte späterer Zeiten ihren Wert behielt. Manche seiner Ratschläge oder Berichte finden sich auch in der Hausväterliteratur des 17. und 18. Jahrhunderts wieder und wirkten so auf ein noch breiteres Publikum.

Was aber ist nun das Besondere von THUMBSHIRNS Schrift gegenüber der eigentlichen Hausväterliteratur? Dies läßt sich vielleicht am deutlichsten machen, wenn wir die Doppeldeutigkeit des Wortes «Oekonomie» erkennen. In wörtlicher Übertragung heißt es die «Lehre vom Hause». BRUNNER hat dargelegt, wie in der Hausväterliteratur in dem Worte noch der volle Klang des griechischen «oikos» mitschwingt. «Oeconomie» ist hier die Lehre vom ganzen Haushalt in seinem umfassenden Sinne, von einer patriarchalisch geordneten Haushaltung, in welcher jeder seinen Platz und seine Nahrung findet. Ackerwerk und Tierhaltung, Hauswirtschaft und Gartenbau, Reitkunst und Kochkunst, Weberei und Brauerei, Arzneikunde und Medizin, alle diese Teile eines großen Haushalts stehen nebeneinander und sind gleich wichtig.

THUMBSHIRN hingegen gebraucht das Wort Oeconomie durchaus schon im modernen Sinne. Sein Leitbild ist nicht der Hausvater, sondern der Betriebsführer. Nicht eine im Prinzip autarke Haushaltung, sondern ein landwirtschaftlicher Erwerbsbetrieb steht ihm vor Augen. Er beschränkt sich strikt auf die landwirtschaftliche Fragestellung, welche er aus dem Blickwinkel des Aufsichtführenden, des «Schössers» oder Rentmeisters, behandelt, der für die Rentabilität seines Betriebes zu sorgen hat.

Charakteristisch ist das Motto, das er (oder sein Herausgeber) dem Werkchen voranstellt: «Dieser Stück scheme dich keins: Wo viel Zugreifens, ist alles wol zu vorschließen: Was man ihnen muß unter die Hände geben, alles zelen und abwegen: Alle Ausgabe und Einnahme anschreiben!» Er fordert darin also eine straffgeleitete, kaufmännisch organisierte Wirtschaft mit Buchführung und strenger Kontrolle, er tut dies aber in der Form eines Bibelzitats, das beginnt: Schäme dich dessen nicht! Das nüchterne Kalkül, das Rentabilitätsdenken, wird noch als etwas Neuartiges, Umstrittenes empfunden, aber THUMBSHIRN weist den Gedanken zurück, daß es eines Adligen unwürdig sei.

Sein Denken ist durchaus schon rechenhaft im Sinne SOMBARTS. Er fordert strenge Ordnung in Haus und Hof, Rechnungsablage gesondert für alle Nutzungen, genaue Arbeitsregister für Fröhner und Gesinde, doppelte Kerbhölzer, eins für den Verwalter, eines für die Drescher beim Getreidedrusch, zwei ungleiche Schlösser an den Getreidespeichern, beides als Schutz gegen den Unterschleif der Untergebenen. Andererseits sind die allgemein gehaltenen Klagen über den Verfall der Sitten, über Unehrlichkeit und Unbotmäßigkeit des Gesindes offenbar erst Zutaten des Herausgebers.

Nicht nach feststehenden Regeln soll die Landwirtschaft getrieben werden, sondern man soll sich nach der «Landart» richten, nach Boden, Klima und nach der Entfernung vom Hofe. Weit entlegene Ländereien sollen lieber verpachtet werden, da sie keinen Ertrag ergeben. Jagd, Fischfang und Vogelstellen werden nicht als herrschaftliches Vergnügen, sondern als Nutzung des Gutes angesehen, und selbst aus der «Gräserei», dem Absicheln der Grabenränder und dem Unkrautraufen in den herrschaftlichen Feldern, werden noch Einnahmen erzielt, indem man sie an arme Leute gegen Naturalien oder

Geld verpachtet. Kurz, in Thumbshirns «Oeconomia» kommt der Geist der frühkapitalistischen Gutswirtschaft zu Worte, sein Erwerbsstreben und seine soziale Härte, aber auch vorurteilslose Naturbeobachtung, Aufgeschlossenheit gegenüber dem Neuen und das Wirtschaften nach den Anweisungen der Vernunft, nicht der Tradition.

Die weitere Entwicklung der deutschen Landwirtschaftsliteratur ist nicht auf dem Wege sachlicher Beschränkung und nüchterner Rationalität weitergeschritten, den Grosser und Thumbshirn eingeschlagen hatten[23]. Die Autoren der sogenannten Hausväterliteratur haben vielmehr dem Zuge nach barocker Fülle, der für das 17. Jahrhundert charakteristisch ist, in hohem Maße nachgegeben. Nach dem Vorbilde von Charles Etienne versuchen sie, eine möglichst vollständige Darstellung aller Seiten des ländlichen Lebens zu geben, und zwar interessiert sie in erster Linie der Lebensbereich des adligen Standesherrn. Die ländliche Haushaltung wird gezeichnet, deren wirtschaftliches Ziel nicht die Produktion für den Markt ist, sondern die Selbstversorgung des Landgutes und des dazu gehörigen Menschenkreises. So wird auch der Arbeitsbereich der Hausmutter, das Kochen, Backen, Brauen, die Kranken- und Wochenpflege in die Darstellung einbezogen, aber auch der Reitsport, die Jagd und der Vogel- und Fischfang, bis endlich die «Haus- und Wunderbücher» auch die Volksmedizin, Alchemie, Astrologie und Hexenbekämpfung behandeln.

Otto Brunner hat in seinem Buch über Hohberg gezeigt, wie aufschlußreich die Hausväterliteratur in geistesgeschichtlicher und soziologischer Hinsicht sein kann. Auch für die Volkskunde sind die Hausbücher eine reiche Quelle. Für konkrete landwirtschaftsgeschichtliche Fragen jedoch haben sie oft geringeren Aussagewert als die schmalen Wirtschaftsbücher von Thumbshirn und Grosser, da die enge Bindung an eine bestimmte Landschaft fehlt, und da die Abhängigkeiten untereinander und von der antiken und ausländischen Literatur noch weitgehend ungeklärt sind. Gerade die stoffliche und landschaftliche Begrenztheit unserer beiden Schriften machen ihren besonderen Quellenwert aus.

[23] Eine Schrift, die in Anlage und Intention mit Thumbshirns Oeconomia vergleichbar ist, behandelt die böhmische Gutswirtschaft: Johannes Erasmus Wegener: «Neu vermehrte Oeconomia Bohemo-Austriaca . . .» Prag 1699. Ein Exemplar dieses Büchleins ist in der Landes- und Universitätsbibliothek Göttingen erhalten. Ob noch von der 1. Auflage der Schrift Exemplare vorhanden sind, weiß ich nicht. Max Güntz nennt ebenfalls diese, offenbar 2. Auflage von 1699.

Literatur

OTTO BRUNNER, Adeliges Landleben und europäischer Geist. Leben und Werk Wolf Helmhards von Hohberg 1612–1688 (1949).

DERSELBE, Die alteuropäische «Ökonomik» (Zeitschrift für Nationalökonomie Bd. XIII. Wien 1952).

B. VON DURASEWICZ, Beiträge zur Geschichte der Landwirtschaft Kursachsens im 16. Jahrhundert. (Diss. Heidelberg 1900.)

HUBERT ERMISCH und ROBERT WUTTKE, Haushaltung in Vorwerken. Ein landwirtschaftliches Lehrbuch aus der Zeit des Kurfürsten August von Sachsen (1910).

JOHANNES FALKE, Die Geschichte des Kurfürsten August von Sachsen in volkswirtschaftlicher Beziehung (1868).

CARL NICOLAUS FRAAS, Geschichte der Landbau- und Forstwissenschaft (1865).

MAX GÜNTZ, Handbuch der landwirtschaftlichen Literatur. 1. Band (1897).

H. SCHMIDLIN, Arbeit und Stellung der Frau in der Landgutswirtschaft der Hausväter. (Diss. Heidelberg 1941.)

G. SCHRÖDER-LEMBKE, Die Hausväterliteratur als agrargeschichtliche Quelle. (Zeitschrift für Agrargeschichte und Agrarsoziologie 1. Jg., 1953.)

KARL VON WEBER: Anna Churfürstin zu Sachsen, geboren aus Königlichem Stamm Dänemark (1865).

HARM WIEMANN, Bericht über die Visitation der kurfürstlichen Vorwerke im Jahre 1571 von Abraham von Thumbshirn (Crimmitschau 1940).

Zur Bibliographie von Grossers „Anleitung"

Vollständiger Titel:

Kurze und gar einfeltige Anleitung zu der Landwirtschaft, beides im Ackerbau und in der Viehezucht, nach Art und Gelegenheit dieser Land und Ort Schlesien.

Wie man gemeiniglich die Ecker zu bauen, und wo man jede Art des Getreides hinzuseen, auch wie man gewöhnlich das Viehe zu ziehen, zu nehren und zu füttern pfleget.

Durch Martinum Grossern, Pfarrern zur Schewitz im Breslauischen Fürstentumb gelegen. MDLXXXX Görlitz.

Das Buch ist offenbar nur in dieser einen Auflage Görlitz 1590 erschienen.

Es ließen sich nur noch wenige Exemplare feststellen:

eines in der Staatsbibliothek Berlin,

eines in der Stadt- und Universitätsbibliothek Frankfurt a. M.,

eines in der Staats- und Universitätsbibliothek Göttingen,

eines in der Staatsbibliothek München.

Eine fotomechanische Wiedergabe des deutschen Textes bringt die von Stefan Inglot und Jan Piprek besorgte polnische Übersetzung von Grossers Schrift, welche 1954 in Breslau erschienen ist:

Marcin Grosser: Krótkie i bardzo proste wprowadzenie do Gospodarstwa wiejskiego. Opracowal i wstępem zaopatrzyl Stefan Inglot, Przelozyl z niemieckiego Jan Piprek. Wrocław, Zakład imienia Ossolińskich-Wydawnictwo 1954.

Zur Bibliographie von Thumbshirn-Iugelius „Oeconomia"

Von ARAHAM VON THUMBSHIRNS «Oeconomia» gibt es vier Auflagen: eine von 1616, eine von 1617, die dritte von 1675 und die vierte von 1705.

Der genaue Titel der ersten Auflage lautet:

«Oeconomia oder notwendiger Unterricht und Anleitung, wie eine ganze Haushaltung am nützlichsten und besten (so fern Gottes Segen und Gedeien darbei) kan angestellet; item vom Ackerbau, wie derselbe bestellet und beschickt, ingleichen, wie die Schäfereien, Vorbergs- und andere Gütere sollen ausgetan und verpachtet werden, auf Anordnung Churfürstens August, christseliger Gedechtnüß, durch einen Vornehmen vom Adel auf die churfürstlichen Vorberge gestellet. Darzu auch ein ausführlicher Unterricht, wie man die Maulwürfe aus den Gärten, Wiesen und Feldern leichtlichen und gänzlichen austilgen und los werden kan. Jetzo erstlich in Druck verordnet und männiglichen zum Besten an Tag gegeben durch Casparum Jugelium Crimmicensen. Leipzig, Typis Grosianis. Anno MDCXVI.

Diese erste Auflage ist noch vorhanden:
1. in der Staatsbibliothek Bremen,
2. in der Landesbibliothek Coburg,
3. in der Landesbibliothek Gotha,
4. in der Hauptbibliothek der Franckeschen Stiftungen Halle,
5. in der Landesbibliothek Hannover,
6. in der Staatsbibliothek München.

Der Titel der 2. Auflage von 1617 unterscheidet sich nur dadurch von der 1. von 1616, daß es heißt: «Jetzo zum andern Mal in Druck verordnet», und daß nach der Anweisung zum Maulwurfsfang noch eingefügt ist: «sampt den Abriß der Sperling und anderer Vogel Fang».

Diese 2. Auflage ist noch vorhanden:
1. in der Stadt- und Universitätsbibliothek Frankfurt a. M.,
2. in der Universitätsbibliothek Freiburg i. Br.,
3. in der Stadtbibliothek Mainz.

Die 3. Auflage von 1675 nennt C. FRAAS a. a. O., S. 76. Sie scheint nicht mehr erhalten zu sein.

Die 4. Auflage von 1705 fand sich nur noch in der Universitätsbibliothek Freiburg i. Br.

Ihr Titel entspricht dem der 1. und 2. Auflage bis auf gewisse Umstellungen und den Schluß:

«Jetzo aufs neue in Druck verordnet durch Casparum Jugelium. Frankfurt am Main und Leipzig, verlegt in Henning Grossens Buchhandlung im Jahr 1705.»

Nach Heinsius wird der Titel zitiert: Jugel, Caspar: Oeconomia, oder Unterricht von dem Haushalt. Halberstadt 1705.

Der Text bringt über die 2. Auflage hinaus noch mancherlei tiermedizinische Ratschläge, darunter auch Mittel gegen die Hexen, die den Kühen die Milch nehmen. Die Klagen über das Gesinde sind noch vermehrt. Diese Auflage hat Roscher vorgelegen und ihn zu dem etwas abfälligen Urteil über die «Oeconomia» veranlaßt.

Eingebunden in das Freiburger Exemplar ist eine Schrift für die Hausmutter: «Der curieuse Haushalter, worinnen kürzlich nachgewiesen wird, was alle Monat . . . bei der Gartenarbeit in acht zu nehmen, desgleichen von der Schlachtzeit . . . auch allerhand Federvieh . . . gedruckt im Jahre 1705». Die Titelblätter der beiden Schriften sind beim Binden miteinander vertauscht worden.

Durch eine angehängte Buchanzeige erfahren wir überdies, daß der Verleger den Text der «Oeconomia» auch in ein von ihm neu herausgegebenes umfangreiches Hausbuch eingebaut hat, in «Wolfgang Hildebrandts Kunst- und Wunderbuch in Quarto. Frankfurt am Main 1705». Es füllt hier die Seiten 594 bis 678 und steht in einer recht zweifelhaften Gesellschaft von alchimistischen und pseudomedizinischen Wunderrezepten, einem Traumbuch und einem Traktat über die Zauberei.

Kalenderangaben

Fabiani et Sebastiani	= 20. Januar
Marien Lichtmess	= 2. Februar
Petri Stuhlfeier	
Petri ad cathedram	= 22. Februar
Matthie	= 24. Februar
Gregorii	= 12. März
Gertrudis	= 17. März
Annunciatio Mariae	
Mariae Verkündigung	= 25. März
Georgii	= 23. April
Philippi et Jacobi	= 1. Mai
Walpurgis	= 1. Mai
Inventio crucis	= 3. Mai
Urbani	= 25. Mai
Exaudi	= 6. Sonntag nach Ostern
Viti	= 15. Juni
Johannis	
baptiste nativitas	= 24. Juni
Peters- und Paulstag	= 29. Juni
Kiliani	= 8. Juli
Margareten	= 13. Juli
Jacobi	= 25. Juli
St. Laurentii	= 10. August
Sebaldi	= 19. August
Bartholomei	= 24. August
Egidii	= 1. September
Kreuzerhöhung,	
Exaltatio crucis	= 14. September
Weichfasten, Quatemberfasten	
in der Woche nach d.	14. September
Matthaei	= 21. September
Michaelis	= 29. September
Galli	= 16. Oktober
Allerheiligen,	
Omnium sanctorum	= 1. November
Martini	= 11. November
Tag der unschuldigen	
Kindlein	= 28. Dezember

Maße

Sowohl die Hohlmaße als auch die darauf beruhenden Ackermaße waren im 17. Jahrhundert in jedem Amt verschieden. Nach J. H. von Alberti: Maß und Gewicht (Berlin 1957), faßte

der Dresdner Scheffel	etwa 103,8 Liter,
der Altenburger Scheffel	146,9 Liter,
der Freiberger Scheffel	106,3 Liter,
der Bornaer Scheffel	108,7 Liter,
der Leipziger Scheffel	136,3 Liter.

Der Scheffel wurde in 4 Viertel zu je 4 Metzen geteilt.

Die Ackermaße wurden entweder nach Scheffeln Aussaat angegeben oder auch nach Hufen oder Ackern, wobei ebenfalls von Amt zu Amt verschieden gerechnet wurde. B. von Durasewicz: Beiträge zur Geschichte der Landwirtschaft Kursachsens im 16. Jahrhundert (Diss. Heidelberg 1900), berechnete die Größe eines sächsischen «Ackers» auf etwa 55,34 ar. 1 Acker = 2 Morgen = 55,34 ar.

Der «Acker» hatte 300 Quadratruten à 8 Ellen. 1 Rute = 12 Fuß.

Für die Gewichtsmaße gibt Durasewicz an:

1 Zentner Krämergewicht entsprach 110 Pfund.

1 Dresdner Pfund wog 467,08616 Gramm, war also etwa dem späteren Pfundgewicht gleich. Wolle wog man nach «Stein».

1 Zentner entsprach 5 Stein, 1 Stein wog also etwa 20 Pfund.

Bei Heu rechnete man nach Fudern.

1 «gutes Fuder» entsprach etwa 10–12 Zentnern.

1 «Frohnfuder» entsprach etwa 5–6 Zentnern.

Kurze und gar einfeltige Anleitung zu der Landwirtschaft, beides im Ackerbau und in der Viehezucht nach Art und Gelegenheit dieser Land und Ort Schlesien

Wie man gemeiniglich die Ecker zu bauen, und wo man jede Art des Getreides hinzuseen, auch wie man gewöhnlich das Viehe zu ziehen, zu nehren und zu füttern pfleget.

Durch Martinum Grossern,

Pfarrern zur Schewitz im Breslauischen Fürstentumb gelegen.

MDLXXXX

Vorrede

Dem edlen, ehrenfesten und wolbenampten Herrn Niclas Rhedingern von und auf Striesa etc., meinem insondern großgünstigen und gebietenden Junkern und Gevattern.

Gottes Gnade und Segen durch Christum, unsern einigen Gnadenthron und gebenedeiten Samen, neben meinen untertenigen, geflissenen Diensten und andechtigem Gebet vor eure edle, ehrenfeste und derselbigen geliebten Hausfrauen und Kinderlein langwirige und selige Gesundheit und Wolfart an Leib und Seele bevorn.

Edler, ehrnfester, wolbenamter, insonder großgünstiger Junker! Wir lesen im ersten Buch Mose, daß Gott, der allmechtige und wunderliche Schöpfer, nicht allein Himel und Erden, und was darinnen ist, dem Menschen zu gut erschaffen, ihn auch als ein König, Herren und Regenten uber den Erdenkreis gesetzet und alle Creaturen auf demselben in seine Hand und Gewalt geantwortet und eingestelt, daß er sie ihme untertenig machen und zu seinem Nutz und Dienste, darzu sie von Gott erschaffen, gebrauchen solte.

Sondern es hat (als wir auch daselbst im ersten Buch Mose finden) der allein weise und allmechtige Gott auch den Erdboden fruchtbar gemachet und denselben dem Menschen untergeben, daß er ihme zu diesem irdischen Leben Getreide und Früchte, beide vor Viehe und Menschen zur Leibesnahrung, tragen und bringen solte. Doch daß der Mensch auch vor dem Fall und Paradißsünde nichts weniger hette arbeiten, pflanzen und das Felde bauen müssen, denn da stehet ausdrücklich: Und Gott der Herr nam den Menschen und satzte ihn in den Garten Eden, daß er ihn bauet und bewahret.

Aber solche Arbeit und Ackerbau wer im nicht verdrießlich und schwer worden, gar viel weniger, als wenn jetzo einer zur lieblichen Lenzenzeit an einem schönen, hellen Tage in einem lustigen Weinberge, Obst-, Würz- und Lustgarten die jungen Pflenzlin beschnettelt[1] oder sonst darin was Lustiges arbeitet und bauet.

Und da auch gleich der gerechte Gott, nach dem betrübten Fall und Ubertrettung seiner Gebott, umb der Sünden willen den Acker verflucht, und dem Menschen den Ackerbau und andere Arbeit saur und verdrießlich ankömpt. Davon auch zu lesen Genes. 2.

So ist doch freilich dem barmherzigen Gott zu danken, daß er dißfalls seinen Segen und die Fruchtbarkeit des Erdbodens, wie er unsers Ungehorsams halben zu tun gut Recht und Fug gehabt, nicht gar entzogen und verderben lassen, sondern dennoch in unserem sauren Nasenschweiß den Ackerbau nach seiner Barmherzigkeit und gnedigen Willen segenet durch den gebenedeiten Samen, den Herrn Christum, daß das Erdreich mit Gnade und Güte gezieret und gekrönet wird, Psalm 65.

Daß nu also der Ackerbau ein selige und Gott, dem Herrn, wolgefellige Nahrung ist, von Gott selbst befohlen, und was man davon bekömpt, lauter Segen Gottes, ohne anderer Leute Schaden und Nachteil, zeugen neben diesem hievon viel Sprüche in der H. Schrift, Sir. 7. Cap. Ob dirs sauer wird mit deiner Nahrung und Ackerwerk, das laß dich nicht verdriessen, denn Gott hat es also geordnet. Der heilige Geist im 104. Psalm saget, daß Gott unter anderen die Sonne aufgehen und scheinen lasse, daß der Mensch zu seiner Arbeit sehen könne. Wenn die Sonne (spricht er) aufgehet, so gehet der Mensch an seine Arbeit und Ackerwerk bis an den Abend. Und Proverbiorum[2] am 12. und 28.: wer seinen Acker baut, der wird Brods die Fülle haben etc.

Also haben sich auch die lieben Altväter mit dem Viehe und Ackerbau genehret und sind an Viehe und Getreide gar reichlich von Gott gesegnet worden, wie Abraham, Lot, Isaac, Jacob, Hiob etc. Und als sonderlich von Isaac, dem Patriarchen, Gen. 26. geschrieben stehet, Isaac seet im Lande und kriget desselben Jahres hundertfeltig, denn der Herr segnet ihn etc. Wie auch Noha[3] einen Weinberg gebauet und andere Väter mehr sich mit dem Ackerbau und Viehzucht genehret und von Gott an Hab und Gut reichlich gesegnet worden, als die biblischen Exempel im Alten Testament weisen.

So nimpt der ewige Son Gottes, unser himmelischer Doctor und Prediger, der sich oft selber ein Ackerman nennet, in seinen Himelpredigten, wie bei den heiligen Evangelisten zu sehen, auch viel und oft schöne Gleichnus von Ackerleuten, vom Acker, vom Ackerbauen und Samen, vom Schnittern, vom Schnitt und Erndte, und was dem Ackerwerke anhengig ist, darin er das Geheimnus des heiligen Evangelions vom Reich Gottes, welches sich hier anfehet in der christlichen Kirchen, auch wie dasselbige hier auf Erden gepflanzet und gebauet wird, gar tröstlich und deutlich durch solche schöne und lustige Gleichnus, die jederman bekandt, vorbildet und den Ackerbau als ein wolgefellig Ordnung, Gaben und Segen Gottes anzeuhet etc.

Ja, es haben auch die armen Heiden, die Gottes Wort nicht gehabt, sondern des

---

[1] beschneitteln = beschneiden.
[2] Sprüche Salomonis.
[3] Noah.

mehren Teiles aus dem natürlichen Liecht (so viel dessen nach dem betrübeten Fall und menschlichem Unglück in der Natur und menschlichem Verstande geblieben) geleitet, den Ackerbau und Erdwucher, so heraus kömpt, trefflich gerümet, wie der heidnische Poet Virgilius die Pauerleute vor glückselige Leute ausschreiet, Georgicorum lib. 2.:

> O fortunatos nimium, sua si bona nerint
> Agricolas: quibus ipsa, procul discordibus, armis,
> Fundit humo facilem victum iustissima tellus.

> O selig ist der Ackermann,
> der (wo ers erkendt) haben kan,
> Im Fried und Ruhe sein teglich Brot,
> das aus der Erd bescheret Gott.

Weil nu der Ackerbau also ein selige Nahrung und der Erdwucher, Interesse und Früchte, so dadurch erlanget, lauter gnediger und reicher Segen und Gabe Gottes ist, und Pauerleute freilich auch in einem seligen Stande sein, Gott wolgefallen, anruffen und selig werden können, wenn sie den heiligen Geist als den rechten agricolam und Pauer durch seine ordentliche Instrument und Werkzeug, deren er zu unser Erleuchtung und Fruchtbarkeit freiwillig gebrauchet, in iren Herzen wirken lassen: Also sollen diejenigen, so mit dem Ackerbau umbgehen, diese selige Nahrung nit allein herzlich belieben, sondern auch des Ackers und Bodems, denen sie pflügen, Art und Gelegenheit fein erkunden und kennen lernen, damit sie nach desselbigen Eigenschaft im Pflügen und Bauen sich nach zu richten haben.

Es sol auch ein Ackerman ein Wackerman sein, der frühe und spatt vorhanden sei, wie Sirach vermanet, Cap. 7. Und keinen Fleiß in der Bauung sparet, denn es lohnet aller Mühe und Arbeit und gibts mit reichem und seligem Wucher und Gewin wider etc.

Wenn aber ohne Gottes Segen all unser Arbeit umbsonst, wie der heilige König und Prophet David im 128. Psalm singet, und wir allein Forchen machen, und Gott das Gedeien geben muß: Auch, wie Moses, Deut. 28. Cap. saget: Gott unser Felde umb unser Sünde willen, wenn wir der Stimme des Herrn, unsers Gottes, nicht gehorchen, verfluchet; sol neben fleissiger Arbeit der Colonus und Ackerman in der Furcht Gottes leben und ihn in herzlicher Erkentnus und Glauben anruffen, damit er dem Bodem und Gewechß seine Gedeien und Kraft nicht umb unser Sünde willen entziehen wölle.

Daß also orare und arare, Gebet und fleissige Arbeit, (sol bestendiger Nutz und Frucht geschaffet werden) beieinander sein sollen, wie David im 128. Psalm sagt. Wo es also gehet in herzlichem Vortrauen, können wir mit dem Apostel hoffen und sagen: non labor in domino, noster inanis erit. Unsere Arbeit im Herren wird nit vergeblich oder umbsonst sein, denn diligens cultura et labor vermag viel, wenn Gottes Segen darzu kömpt, wie die Erfahrung und Exempel zeugen, deren ein gedenkwürdiges Columella lib. 4. cap. 3 erzehlet, von einem Vater, der seiner eltesten Tochter zur Heiratsgabe den dritten Teil seines Weinberges, und darnach der andern seiner Tochter die Helfte desselben seines behaltenen Weinberges, und arbeit darnach den dritten Teil seines Weinberges so fleissig, daß er ihme so viel Wein treget als zuvor, da der Weingarten gar beisamen und unzerteilt war. Daher spricht man: Ein groß Feld sol man lieben, ein klein Feld sol man pflügen.

Das aber bedenken viel Leute und sonderlich der gemeine Hauffe unser sicherer, gottsvergessener Pauren gar nicht, denn eins Teils tun sie den Eckern nit mit Mist und Arbeiten ihr Recht und Gebür, so viel vonnöten und zu rechter Zeit, wie sichs gebüret, lassen die verwildern, verwachsen und verwüsten; des andern Teiles leben sie mit der teglich schwermenden Welt in großer Sicherheit, erkennen nit Gottes allmechtige Wunderhand, Gabe und Segen, seind undankbar, ziehen das Zeitliche dem Ewigen vor, suchen nit zuvor Gottes Reich und Gerechtigkeit, erzeigen dem dürftigen Lazaro kein Barmherzigkeit. Viel Geizhelse halten auf Teurung und wuchern mit den bescherten Gaben Gottes, daher kommts, daß Gott unsere Felder verflucht, wie Gott in seiner bösen Kammer, Deut. 28. und sonsten an andern viel Orten mehr dreuet. Und das ist neben und unter andern freilich nicht der wenigsten Ursachen eine praesentis sterilitatis, daß unser Felder nit so reichlich, darüber sich viel Leute bekümmern und verwundern, bringen und tragen, als vor etlichen vielen Jaren geschehen.

Nachdem nu aber großgünstiger und gebietender Junker E.E.E.[4] ein sonder Herzgefallen am Feldbau und seligem Erdwucher haben, davon gerne conferirn, reden und hören, und aber ich, der ich durch des allmechtigen Gottes Vorsehung[5] und ordentlichen Beruff unter den armen und einfeltigen Pauerleuten allhier, die ihr Brod und Nahrung mit irem Fleiß und Schweiß aus Gottes Segen durch den Ackerbau und Viehezucht suchen und haben, nun in die fünfundzwanzig Jahr lang als ein geistlicher Seeman den Samen, Gottes Wort, ausgestreuet und ihnen mit der Predigt des reinen Wortes Gottes und der heiligen Sacramenten in simplicitate et veritate gedienet, und in solchem meinem Ampte und befohlenem Kirchendienst den mehren Teil meines Unterhalts von dem Felde und Viehe, wie auch andere Herren Pastores auf den Dörfern, unter den armen Pauren suchen und haben muß, und also in der Zeit auch was vom leiblichen und löblichen Ackerbau, wie der nach[6] dieser Ort Gewonheit coliret und zugericht wird, so wol, was ein jeder Bodem alhier am liebsten tregt, durch die Erfahrung observiret und aufgemerkt: als haben E.E.E. ungefehr vor vier Jahren an mich günstig begeret, daß ich hievor, so wol auch nachmalen von der Viehezucht, so viel mir bewust, Bericht begreiffen und E.E.E. beschrieben mitteilen wolte, welches ich, so viel ich dessen kündig, E.E.E. als meinem großgünstigen Herren, deme ich in gar viel mehrm zu willfahren mich allzeit schüldig erkenne, nicht habe verwidern sollen noch wollen. Und E.E.E. solch geringe und klein Büchlein geschrieben, untertenig ubergeben, auch andern Personen, so bei E.E.E. diß Büchlein gesehen, bißhero etliche Mal auf ihr Begeren und Anhalten umbschreiben lassen, biß es endlich dahin komen, weil des Umbschreibens zuviel werden wolte, daß E.E.E. sowol der edle, ehrnfeste Herr Jacob Monau und andere meine günstige Herrn und Forderer oft an mich begeret, solch geschrieben Ackerbüchlein in Druck zu vorfertigen.

Ob ich nu wol darob Bedenken gehabt, jedoch habe ich, E.E.E. hierin zu gehorsamen, nichts anders aber als mein dankbar Herze wegen der vielfaltigen Woltaten gegen mir und den Meinigen etlicher Maßen hiemit zu erkleren, mich endlich resolvirt und diß Büchlein wider ubersehen und wenig vormehret.

Da ich aber die Ordnung der Ackerarbeit, des Getreides und anderer Feldgewechs vielleicht wie die anderen, so vom Ackerbau geschrieben, nicht gehalten, ist die Ur-

---

[4] Euer Edler Ehrenfester.
[5] Vorlage: Versehung.
[6] Vorlage: noch.

sache, daß ich mich gericht nach unser Landgewonheit der Winter- und Sommersaats, zu welcher Zeit jedes Getreide geseet wird.

Ubersende und offerire, cum debita reverentia, hiemit E.E.E. diß mein gering und einfeltig Büchlein in[7] unterteniger Demut bittende, weil E.E.E. dieses Büchleins selber Ursach, die wolltens auch am besten erkennen und in derselben E.E.E. patrocinium et tutelam contra sycophantae morsus lassen günstig befohlen sein. Tue hiemit E.E.E. sampt derselbigen herzgeliebten Hausfrauen, Kinderlein und dem ganzen Hause mit meinem andechtigen Vaterunser dem Herrn aller Herren in seine göttliche Bewahrung treulich empfehlen. Geschrieben und geben zu Schewitz, den 25. Novemb. im 1589. Jahre nach unsers lieben Herrn und Heilandes Geburt.

E.E.E. dienstwilliger

Martinus Grosser

Das erste Teil dieses Büchleins,
wie und wenn man nach Art und Gelegenheit dieser Land und Ort Acker bauen und zurichten sol: auch wo man jede Art von allerlei Getreide hinseen sol.

Und zum Ersten Winterung.

Weizen

Weizen liebet ein starken und getüngeten Acker, besondern auf neuem Mist, er sei weiß, schwarz, leimicht oder schwillmicht[8], auch wechset er gerne in nidrigen, linden Eckern, woferne es nit gar große Nässe oder allzu viel Saurigkeit gibt, jedoch tauret der Weize in nassen Eckern besser und uberwindet mehr denn das Korn[9]. Darumb seet man den Weizen nicht in hohe, sandichte oder steinichte Ecker, und da es Brandflecke hat.

Es pflegen auch hier die Pauren den Weizen auf dreijährigen Mist in die starken Ecker zu seen. Wenn er sonderlich Gewitter[10] hat, so wechset er oftmals so gut und reichlich als auf neuem Mist, doch muß ein jeder Paur auf des Ackers Art und Gelegenheit sehen, denn auf dreijährigen Mist treget nicht aller Acker Weizen gerne, und ist das Korn viel gewisser denn der Weizen.

Folget, wie und wenn man Weizenecker zurichten sol.

Den Mist, so man im Anfang des Junii hinaus führet, sol man bald unterbrochen[11] oder unterarbeiten. Und je ehe man brocht[12], je besser ist es, beide, dem Acker und dem Mist: dem Acker, daß er wol ausdorre und mürber werde, dem Mist, daß er feucht und naß in Acker kompt, denn je nässer und feuchter der Mist in Acker kömpt, je besser ists, damit die Sonne dem Mist den Saft nicht ausziehe und verdorre.

---

[7] Vorlage: zum.
[8] feucht, tonig.
[9] Roggen.
[10] Witterung.
[11] durch die Brachfurche unterbringen.
[12] brachen.

19

In diesen Landen und Orten muß man den Acker dreimal, ja auch wol viermal arbeiten.

Die erste Art der Arbeit nennet man Brochen, wenn man den Acker umbreisset.

Darnach, wo starke und zehe Ecker sein, sonderlich wenn sie nach der Broche wider bewachsen, so muß man sie wider umbwenden, und das tut man allein den Weizeckern. Dieselbe ander Art nennet man Wenden.

Wo im Fall aber nicht so gar zehe und starke Ecker sein, so nach der Broche nicht bewachsen, die darf[13] man nicht wenden.

Die dritte Art heisset Ruren, da man mit dem Rurhaken quer uber fehret und die Ackerforchen zerreisset. Darnach muß man die Rurforchen einegen, das ist, mit den eisern Zinken einfüllen und gleich machen. Also lesset man den Acker ligen, biß man uber Winter seen wil.

Man fehet aber hier in diesen Orten bald nach Bartholomei[14], gemeinlich umb den Ausgang[15] Augusti oder gar wenige Tage dafür, an zu seen.

Auch haben etliche Acht, daß sie im zunemmenden Liechte des Mondes seen, sol allweg besser wachsen, denn das im abnemenden Liechte geseet wird, wiewol die Erfahrung gibt, daß daran hier nit sonderlich gelegen, denn im abnemenden Monden oft so gut ist. Darumb die Pauren diß nicht achten, sondern nemen das Gewitter und gelegene Saatzeit viel mehr in Acht, daß sie trucken, und je zeitlicher, je besser einseen, denn naß einseen ist der wachsenden Saat erste Unglück. So ist gemeinlich die früe Saat die beste.

Wenn man nun die Ecker zum Seen pflüget, so nennet man diese Art der Ackerarbeit Aarn, das ist die vierdte Arbeit.

Darauf streuet man nu den Samen. Hier seet man gemeinlich auf ein recht Hubengewende uber zehen Bete anderthalbe Scheffel Breßlisch Maß[16]. Wo der Acker sonderlich gut, kan man wol ein Scheffel und drei Viertel darauf werfen.

Darnach, wenn der Acker beseet, uberfehret man in wider mit den eisern Rechen oder Egen zu drei, vier oder mehr Strichen, soviel vonnöten, bis man den Samen unter das Erdreich bringet und die Erdenklösser wol zerreisset. Und je schlechter[17] und gleicher mans egen kan, je besser ists.

Wenn dürre Seezeit ist, pflegen etliche den Samen auf die geegte Rur, wie man es nennet, zu streuen und aaren den Samen mit unter, damit der Same desto mehr Feuchtigkeit habe und halte, wenn er tieff im Acker ligt. Und uberfehrets, wie jetzt gesaget, mit den Egen, so viel vonnöten, bis Schollen und Klösser zerrissen. Denn führet man die Betforchen mit dem Pfluge aus und fehret die Wasserforchen, wenns und wo vonnöten. Die reumet man mit einer Schorschauffel[18], damit das Wasser und ubrige Feuchtigkeit aus den Beteforchen in die Quer- oder Wasserforchen abschiessen kan.

Und denn vertrauet man es dem allmechtigen Gott und wunderlichen[19] Schöpfer,

---

[13] dürfen im Sinne von brauchen benutzt.

[14] 24. August.

[15] Vorlage: Anfang.

[16] breslauischen Maßes. Der Breslauische Scheffel enthielt etwa 74, 75 Liter. Vergl. HELMUT GUMTAU: Das Entwicklungsbild eines schlesischen Dorfes, Kitzingen/Main 1953, S. 31, Anmerkung 167.

[17] schlicht, eben.

[18] Grabeschaufel, schoren dialektisch für graben.

[19] wunderbar.

der da hat befohlen, Forchen zu machen. Er helt das Körnlein wider unser Vernunft in Regen, Schnee, Kelte und Ungewitter wunderlich und segenet es, daß es funfzig und sechzigfeltig Früchte treget.

Vom Kornacker

Korn wechset fast in allen Eckern, wiewol in den gar starken oder harten und leimichten[20] nicht so wol als in den linden Eckern. Auch in nassen, kalten Gründen und Saurigkeiten wil es mit dem Korn nicht tun. Auch wo etwa halbicht Mist ist, wechset es auch in sändichten[21] und steinichten Eckern.

Das Korn seet man nicht gerne in neuen Mist, wo gute Ecker sein, denn es uberwechset sich zu sehr, aber in dem dreijährigen Mist wechset es fruchtbar.

In magern und leichten Eckern, die nicht getünget sein, wechset es auch, aber es treget nicht reichlich.

In solchen magern und leichten Eckern mag man es wol in Mist seen, man darf den Mist aber nicht so dicke schlagen als in starken Eckern.

Folget, wie und wenn man den Kornacker zurichten sol.

Starke Ecker, die niderig ligen und zehe sind, darein man Korn seen wil, sie seind mager oder dreijährig Mist darauf, muß man zeitlichen brochen, damit sie faulen und dorren, so werden sie denn mürb. Man darf[22] sie aber nit wenden wie solche Weizenecker, jedoch, wo sie nach dem Brochen bewachsen, zehe und queckicht, mag man sie wol, wer so viel Mühe darauf wenden wil, widerumb umbwenden, ist desto viel besser.

Man habe sie nu gewand oder gebrocht, muß man sie ruren, das ist, wie oben von den Weizeckern[22a] gesagt, mit dem Rurhacken quer uber durchfahren und zerreissen, darauf die Rurforchen einegen, das ist, mit den eisern Zinken einfüllen und gleich machen. Sonderlich pflegen sich gute Ackerleut zu befleissigen, daß sie die Rur einegen, ehe denn es darein regenet, denn die Nässe helt den Acker zusammen, daß er sich denn mit dem Aarn[23] nit schüttet[24], sondern schleisset[25], wo sonderlich starke Ecker sein.

Darumb wirft man mit dem Pfluge die Ecker wider umb, welche Art der Ackerarbeit heisset Aarn, wie mit dem Weizen, und darauf streuet man das Korn. Auf ein recht Hubengewende uber zehen Bete seet man hier ongefehr anderthalbe Scheffel Breßlisch Maß, es were denn der Acker gar mager oder sonst leichte, da darf man nicht dicke seen. Wenn es geseet, so eget man es unter und zerreisset mit den Egen die Klösser, führet die Betforchen aus und macht die Quer- oder Wasserforchen, inmassen wie vom Weizen gesaget.

Doch sol man merken, daß man das Korn in leichten, sandichten und sonsten magern Eckern allzeit zeitlich seen sol, damit weil es nit Mist und Wärme hat, vor Winterzeit wol wurzele und bewachse, so kan es durch den Winter desto besser tauren.

[20] lehmig.
[21] sandig.
[22] braucht.
[22a] Vorlage: Weizekorn.
[23] die letzte Pflugarbeit.
[24] aufschwemmen.
[25] zerreißen.

Diese zweierlei Getreide, als Weizen und Korn, seet man gemeinlich zur Winterung, das ist, im Ausgang des Augusti anzufahen, im Septembri und Octobri etc.

Wintergerste

Man seet auch in gemelten Monatszeiten Gerste, aber es muß ein sonderliche Art der Gersten sein, die den kalten Winter leidet, denn die Gersten, so man sonsten gemein hat, leidet es nicht, vor Winter zu seen, sie würde gar erfrieren. Solche Gersten, wie folgen wird, muß man im Früling seen.

Wo man aber Wintergerste seen wil, da muß man die wie den Weizen in die besten Ecker seen, sol sie reichlich tragen. Diese Gerste wird zeitlich[26] reif, gemeinlich umb Johanni[27], etwa neun oder zehen Tage ehe denn das Winterkorn. Sie treget aber nicht viel mehr denn sonsten Sommergerste, wenn sie (das doch nicht ofte geschicht[28]) geret, darumb allhie die Pauren sich nicht sonderlich darauf befleissigen.

Von der Sommersaats

Die Sommersaats fehet man gemeiniglich an ungefehr umb Gregorii[29] oder im Ausgang des Merzens, nachdem sich die Witterung[30] anlest, oder nach ehester Gelegenheit man die Ecker arbeiten kan.

Habern

Den Haber seet man in allerlei Ecker, und je besser die Ecker, je reichlicher er wechset. Man seet allhier aber den Haber nicht dicker denn sonsten die Winterung, als auf ein Hubengewende, zehen Bete breit, anderthalb Scheffel oder[31] ein Scheffel und drei Viertel Breßlisch[32] Maß nach Gelegenheit des Ackers, wo der Acker stark und gut etc. Denn in geringe Ecker muß man was sparlicher und dünner seen, wie man sich auch, als oben gehöret, nach Gelegenheit des Ackers mit der Winterung richten sol.

Folget, wie man den Haberacker zurichten sol

So bald es aufgetauet und man wegen der Nässe darauf arbeiten kan, so wirfet man die vorigen Bete mit dem Pfluge ein, also daß die Betforchen, so von dem eingeerndten Wintergetreide geblieben, gegeneinander eingeworfen, ebengemacht werden, und diese Art nennet man auch Aarn. Darauf streuet man den Haber, als auf jedes Huben-

[26] zeitig.
[27] 24. Juni.
[28] geschieht.
[29] 12. März.
[30] Vorlage: Winterung.
[31] Vorlage: der.
[32] breslauisch.

gewende, zehen Bete breit, anderthalbe oder ein Scheffel und drei Viertel Breßlisch Maß nach Gelegenheit des Ackers, wie oben gesaget.

Darnach eget man, wie oben von der Winterung gesaget, den Haber unter mit drei, vier oder mehr Strichen in die Länge und Quer, demnach es vonnöten, biß die Erdschollen zerrissen und so viel müglichen alles gleich eingeeget wird. Wenn solches geschehen[33], so lesset man es also ligen und darf keine Betforchen, die gar eingearnt[34] und eben gemacht worden, ausführen. Wo aber Wasserforchen in die Quer vonnöten, streichet man sie quer uber mit dem Pfluge aus.

Der Haber ist dreierlei Art. Erstlich ist Barthaber, der ist der geringeste, hat nicht grosse Körner, ist schwarz und hat lange schwarze Spitzen, wechset in Polen am meisten und in leichten Eckern, doch wenn man desselben Habers in gute, starke Ecker seet, wandelt er sich etlichermassen und wird dem guten Haber, so hier breuchlich ist, fast etlichenteils gleich.

Darnach die ander Art des Habers, so hier wechset, ist der beste.

Die dritte Art des Habers heisset Früe Haber, hat ein wenig keulichter[35] Körner als der gemeine Haber, von dem jetzt gesaget, und ist ein guter Haber. Er wil aber guten Acker haben, wird gemeinlich reif mit dem Weizen, ofte wol vierzehen Tage ehe denn der ander Haber.

Wicken

Wicken seet man gleichesfalls wie den Haber, allein sie wachsen nit im steinichten, sandichten oder hohen Eckern, sondern in nidrigen Orten und guten Eckern. Sie wollen es auch in magern Eckern nicht tun, sondern[36] die des Jahrs darfür getünget sein. Doch seet man die in gar guten Eckern auch auf dreijährigen Mist, lohnet wol, wenn sie geraten, ist ein gut Pferdefutter, den Pferden gleich bequemer als Haber.

Unsere Pauren seen halb Haber und halb Wicken, welches sie Wickengemenge nennen, durcheinander, daraus wird ein Schneidefutter, man schneidet es den Rossen zur Söde[37].

Linsen

Den Acker richt man zu wie oben zum Haber.

Man seet deren hier und in diesen Gegenden wenig und selten, wollen einen geilen und guten Acker haben wie die Wicken, werden am Graß und Schoten nicht so groß als die Wicken, sondern wie die Vogelwicken oder wilde Wicken. Man braucht aber diese Linsen hier nit zum Kochen oder zum Zugemüse, denn die wilderinzen[38] sehr,

33 Vorlage: beschehen.
34 durch die «Aarn» eingeebnet.
35 kugelig, rund.
36 außer.
37 Sud, Trank.
38 einen wilden, widrigen Geschmack haben.

23

sondern wenig Pauren seen die vor die jungen Lämmer, wenn sie essen lernen. Denen legen sie die für ungedroschen, wie sie gewachsen, seind den Lämmern sehr bequem.

Sommer- oder gemeine Gerste

Die seet man hier auch im Früling, sie wil aber einen guten, fetten und getüngeten Acker haben, der das Jahr darfür getünget worden, der da sonsten Weizen treget. Man muß aber sehen, daß man sie nicht allzu zeitlich einsee, denn die erfreuret[39] in unsaubern Witterungen leichtlich. Die früe geseet wird, bekömpt selten warme und bequeme Witterung. Wenn sie die haben kan (das gar selten geschicht), so stehet sie wol und ofte besser, denn die spete.

Unsere Pauren haben sonderlich drauf Acht, wenn die Frösche sich herfür tun und gegen Nacht anfahen zu singen oder regern[40], wie sie es nennen, so ists ein Zeichen warmer Nächte, da seen sie gemeinlich Gersten.

Andere warten, biß der Apfelbaum wil blühen.

Die funfzehende Woche nach Weihnachten nennen sie die Hosewoche, darumb daß irem Vorgeben nach die Gerste, so in dieser Wochen geseet wird, gemeinlich mit den Ähren in den Schoßbalgen[41] wie in Hosen stecken bleibet, darumb etliche in dieser Wochen keine Gerste seen wollen. Ich halte aber das von der Hosewochen für einen Aberglauben.

Man seet aber hier gemeinlich auf ein Hubengewende über zehen Bete anderthalbe Scheffel Breßlisch Maß oder wenig mehr.

Wie man den Gerstenacker zurichte

Vor Winter werden hier gemeiniglich alle Ecker, darauf man Gerste seen wil, gestürzet oder mit dem Pfluge umbgeworfen. Das mag vor Winter geschehen, welche Zeit man darzu kommen kan, denn das Gefröste[42] durch den Winter machet die zehen, gestürzten Ecker fein mürbe.

Etliche, wie ichs auch mit gutem Nutz versuchet und erfahren habe, streuen die Gerste auf den vor Winter gestürzten Acker und aarn sie also mit dem Pfluge unter, wie man sonsten zur Sommersaats die Ecker zum Haber aarnet. Darnach egen sie den Acker, wie vom Haber gesaget.

Andere pflegen den Gerstacker zu rühren, wie die Ecker zur Wintersaats, sonderlich wo es zehe Ecker sein, seen die Gerste auf die eingeegte Rur und aarnen sie mit dem Pfluge unter, egen die Ecker, wie von allem Egen der Ecker gesaget.

Die dritten pflegen die eingeegte Rur wieder zu aarn und Ackerbete zu machen und seen denn allererst Gerste darauf, egen sie ein, wie vom andern Getreide gesaget.

Summa, je mehr man die Ecker arbeiten kan, je besser es ist, doch, wo es sonsten milde Ecker hat, ist es ohne Not und kann solche Mühe ersparet werden.

[39] erfrieret.
[40] quaken.
[41] der Teil des Halmes, aus dem die Ähre hervorsprießt.
[42] Frost.

Sommerweizen

Es ist auch eine Art des Weizens, den man auf die Sommersaats seet, den nennet man auch Sommer- oder früe Weizen, denn er wird ehe reif, denn sonsten irgendein[43] Getreide etc.

Allhier seet man den nicht, im strelischen und neissischen Lande[44] sollen sich dessen etliche arme Pauren befleissigen, die denselbigen vor der Kornerndte einbringen und vorkauffen, damit sie das ander Getreide einerndten können.

Er sol auch nit viel geben, noch so gut sein als der Winterweizen, darumb sich desselben wenig Pauren befleissen[45].

Er wil wie Gerste einen guten Acker haben und wird zugericht, wie der Gerstenacker.

Hirse

Wil ein getüngeten Acker haben, der das Jahr zuvor getünget worden, wechset nicht in allen Eckern, sondern allein in weissen, grauen und schwarzen linden Eckern, in schwilmichten[46], da sich das Erdreich bald auf einander setzet, item lättichtem[47], leimichten[48], gar zu viel sandichten und auch harten, starken Eckern wil es mit dem Hirse nicht tun, darumb man wol auf die Art und Gelegenheit der Ecker, und wie und zu welcher Zeit man ihn seen sol, mit Fleiß Achtung geben, denn kein Getreide oder Gemüse leichtlicher mißwechset oder verdirbet als der Hirse. Wenn und wo er aber wol geret, ist auch kein Getreide, das mehr bringet, denn oftmals aus einem halben Scheffel wol zwei Malder werden sol. So ist auch der Hirse allewege im Kauf fast dem Weizen gleich. Man pfleget den Hirsen gar lange in Früling nach allem Sommergetreide allhier erst zu seen, gemeinlich umb Christi Himmelfahrt, vielmal auch allererst umb Pfingsten, denn er will gar warme Nächte und warme Regen haben. Leichtlich erfreuret er oder wird von kalten Regen erseuffet.

Die Pauren sagen, man sol Hirse seen, wenn das Korn verblühet und schon als die Hirsekörner groß Körner hat, oder, wenn die Kirsche so groß ist, daß man damit uber ein Bete breit schnellen kan.

Daß etliche fürgeben, man solle nicht Hirse seen an dem Tage, darin des nechstvorgangenen Jahres der unschuldigen Kindlein Tag[49] gefallen, ist ein lauter Superstition und altvettelischer Aberglaube. Daß sich aber etliche mit der Erfahrung behelfen wollen, ist auch nichts, denn die Erfahrung vielmal das Gegenspiel weiset, und wenn es schon geschicht, daß der Hirse, an diesem Tag geseet, nicht geraten wolte, ist nit der unschuldigen Kindlein Tag, sondern anderer natürlicher Ursachen schuld.

Etliche, wenn der erste geseete Hirse nicht fort wil, so aarn sie den umb und seen in anderwerts, ofte wenig vor der Kornerndte. Aber es wil es mit dem Hirse so gar spate

---

43 Vorlage: jergend ein.
44 das Land um Strehlen und um Neisse.
45 befleißigen.
46 feucht, tonig.
47 mergelig.
48 lehmig.
49 28. Dezember.

auch nicht tun, denn weil er im Herbst reifen sol, bleibet er sehr grün und wird tob[50], das ist, hat leere Körnlein, darin kein Meel ist, die in die Spreu gehen.

Wenn es aber zum Widerseen noch zeitlich gnug, so muß man ihn nicht so dicke seen als sonsten, denn viel Körner aus dem ersten geseeten Hirse noch darunter bekleiben[51].

Hier bei uns und in dieser Gegend ist nur einerlei Hirsen, des man sich befleißiget, als gelber und schwarzer durcheinander. Sonsten ist auch ein Hirse, den man Fenchelhirse nennet. Er ist gelbe und wechset mit Kolben, gleich wie die Rohrkolben oder das Hirsegraß, wenn es schosset, Kolben hat, ist aber nit so kornreich, noch so gut als der bei uns breuchlich.

Weil der Hirse kleinkörnig und viel stäudet[52], so darf man dessen nicht viel zu Samen, denn aus einem Stengel ofte wol vier oder fünf Stengel werden sollen, und kan ein gut Hubengewende auf zehen Bete fast mit einem Viertel eines Scheffels beseen.

Im Septembri, ungefähr vierzehen Tage nach Bartholomei[53], ist der Hirse reif, er were denn gar früe geseet. Der spat geseet, wird kaum drei oder vier Wochen nach Bartholomei reif, und bleibet der spate sehr grün am Stroh und taub an Körnlein.

Das Hirsestroh helt lang und viel Feuchtigkeit. Sol man es dem Viehe zu Nutz machen, so muß es gute Sonne haben und muß lange lassen ligen und dorren. Sonsten, wenn man den Hirse nicht recht dürr aufbindet, erwarmet er, und wird das Stroh gleich schimlicht, stinkend und faulet. So wol wird der Hirse, so er nicht bald ausgedroschen wird, im Stroh müchinzend[54] und stinkend, und ob er schon dürre einkommen, sol man ihn doch bald vorschlagen[55], wo man in nicht gar ausdreschen wil.

Folget, wie man den Hirseacker zurichtet

Vor Winter muß man ihn stürzen und also gestürzet über Winter ligen lassen, so wird es durch das Gefröste fein mürbe.

Auswerts umb Ostern oder bald nach der Habersaat muß man ihn wider herumbwerfen oder wenden. Alsdenn wenig darfür, ehe man in seet, muß man in ruren, das ist (wie oben von Weizen- und Korneckern gesagt), mit dem Rurhacken quer uber zerreissen, die Rur einegen, das ist, mit den Egen, eisern Zinken, gleich machen und alsdenn, wenn man ihn seen wil, Pflugbete machen, das ist, wie oben aarn, und denn seet man darauf, auf einen Schritt so viel Körner als ein Pauer mit drei Fingern, als mit dem Daumen und den nechsten zwei Fingern ergreiffen kan. Da man sonst ander Getreide einen Scheffel hinseet, da darf man kaum ein halb Viertel Hirsen oder wenig mehr.

Ehe man den Hirsen seet, weschet man ihn zuvor rein, henget ihn in einem Sacke auf, daß das Wasser zuvor wol herab seige und der Hirse ein wenig feuchte bleibe.

Etliche pflegen ihn zu sengen, das ist, zünden ein Strohwisch an und lassen den Hirsen durch den brennenden Strohwisch laufen, daß sich der Brand darin versengt.

[50] taub.
[51] anwachsen.
[52] sich bestauden.
[53] 24. August.
[54] modrig, schimmelig.
[55] vordreschen.

Wenn er nu geseet, so eget man ihn unter, nicht die Quer uber die Bete, sondern allein in die Lenge, so viel vonnöten, biß die Klösser zerrissen und der Acker fein schlecht[56] gemacht. Alsdenn führet man endlich die Betforchen aus und macht (wo vonnöten) Wasserforchen, wie oben von Korn- und Weizeneckern gesaget.

Ists Sache, wenn er aufgehet, daß er wil zu dicke kommen, so uberfahren in etliche Pauren mit den Egen zu einem Striche, oder wo er gar dicke ist, zu zwei Strichen, damit er eines Teiles werde mit den Egen ausgerauft.

Wenn auch, nachdem der Hirse geseet, ein schwerer Regen fellet und der Acker sich aufeinandersetzet, ehe der Hirse ist aufgangen, und der Acker eben eine Haut gewinnet, daß der Hirse nit herdurch kan, so pflegen etliche den Hirsen mit den Egen zu uberfahren, damit sie die öberste Haut des Ackers lösen oder zerreissen, und das nennen sie Aufegen. Ich habe es wol versuchet, aber mit meinem großen Schaden, denn man den Hirsen, so unter der harten Haut gekeimet, mit ausreuffet[57]. Wo der Hirse sonst nicht dicke geseet, bleibet dessen nicht viel.

Von Erbessen[58]

Erbessen sind auch dreierlei, als grosse Erbessen, welche man welsche Erbessen, Gartenerbessen, Stengelerbessen oder Satzerbessen nennet. Die zeuget man in den Gärten, wollen guten Acker haben. Die seet man nicht wie die kleinen Erbessen, sondern etliche drucken sie mit den Fingern in den gegrabenen Acker, etliche machen ein Forchlein[59] quer uber das Bete mit einer Ziehehau[60] wie zum Rötkeimen[61] und legen sie wol eine Spanne weit eine von der andern in das gezogene Forchlein. Wenn man nu ein ander Forchlein daneben macht, decket man die vorigen Erbessen zu mit derselbigen Erde allerding, wie man die Rötekeimen unterzeuhet, und diß gehent schleuniger fort, denn mit dem Eindrucken.

Weil diese Erbessen groß und fett wachsen, so muß man, wenn sie aufgehen, zwischen zwo eine Rutten einstecken, daran sie sich im Aufwachsen halten.

Die ander Art seind früe Erbessen. Diese seet man in die Gärten und auch zu Felde, heißen früe Erbessen darumb, daß sie gemeinlich umb vierzehen Tage ehe Schoten tragen denn die andern gemeinen Erbessen, und auch ehe denn die andern Erbessen reif werden.

Die dritten sind gemeine Erbessen.

Diese Erbessen aller dreier Art wollen einen guten und fetten Acker haben, der das nechste Jahr zuvor ist getünget worden, es sei im Lehm, Schwilm[62] oder schwarzen Acker, darin wachsen sie allhier gerne. Alleine in hohen, felsichten und sandichten oder sonsten leichten Eckern wachsen sie nicht gerne und tragen gar wenig. Wo sie aber

[56] schlicht, eben.
[57] ausraufen.
[58] Erbsen.
[59] kleine Furche.
[60] Hacke.
[61] Vorkeimen von Rötepflanzen.
[62] Ton.

gerne wachsen wie jetzt gemelten Eckern, da tragen sie guten Nutz, denn oftmals aus einem Viertel eines Scheffels ein sechs Scheffel werden sollen.

Folget, wie man den Erbessenacker zurichtet, und wenn man Erbessen seen sol

Zu den grossen, welschen Erbessen grebet man den Acker in Gärten etc.

Zu den Felderbessen, es sein früe oder gemeine Erbessen, muß man den Acker vor Winter wie zur Gerste und zum Hirse stürzen.

Wenn es kömpt umb Gregorii[63] oder bald darnach, wo der Acker nicht zu naß ist, daß man den arbeiten kan, pfleget man sie auch zu seen, doch seet man sie nit gern im neuen oder zunehmenden Monden, denn sie, wenn sie reiffen sollen, grünen und blühen.

Etliche streuen sie auf den vor Winter gestürzten Acker, wie oben von der Gerste gesaget, und aarn sie mit dem Pfluge unter. Ich brauche[64] es und habe es mit gutem Nutz erfahren, daß es nicht böse ist, einmal darumb, daß sie tief in das Erdreich kommen, damit sie nicht die Tauben auflesen, darnach, daß sie unter der Erden mehr Feuchtigkeit behalten, und endlich, wenn große Regen kommen, können sie die nicht auswaschen.

Wenn sie untergeaarn, so eget man den Acker so viel vonnöten, wie oben, daß die Klösser zerrissen und gleich werden, allerding wie den Haber und Gerste.

Andere wenden oder aarn den vor Winter gestürzten Acker, und darauf seen sie die Erbessen, und das ist das allergemeineste, so hier gebrauchet wird.

Man seet die Erbessen gar dünne, darumb darf man deren auf ein gut Hubengewende uber zehen Bete breit gemeinlich drei Viertel eines Scheffels und wol nicht so viel.

Schwaden[65]

Ich habe auch ein Art des Schwadens gehabt, kaum vier Leffel[66] voll, den habe ich also mit und neben den Hirsen, wie ich gelernet worden, geseet, nur so dicke, als man sonst den Hirsen seet, ist aber nicht ein solcher Schwaden, der sonsten auf etlichen Wiesen wechset, den man in ein enge Sieb oder Mulden abschleget. Wiewol sonsten dieser Schwaden, den man seet, eben den Geschmack hat wie der wilde auf den Wiesen, ist ein köstliches Gemüse.

Dieser Schwaden, den man seet, gehet auf wie Hirsegras und breitet sich mit den Stauden umbhero wie das Gras, so man Hirsegras nennet, sihet Hirse fast gleich im Aufgehen. Darnach wechset aus jeder Stauden ein Stengel, nicht hoch, der hat viel Estlein, darin hangen die Schwadenkörnlein, wird mit dem Hirse reif oder wenig darfür. Wenn er reiffet, so wird er bräunlicht, fellt aber nicht abe, er were denn gar ubrig reif und dürr. So schneidet man in denn, wenn er reif ist, abe wie den Hirsen, lesset ihn einen Tag, wenn schön Sonnenwetter ist, aufm Acker ligen, und alsdenn, so er trucken ist, mag man ihn aufbinden und ausklopfen. Ich habe des Samens wollen behalten, aber die schedlichen Meuse frassen mir denselbigen. Habe seid der Zeit keinen

---

[63] 12. März.
[64] ich habe den Brauch, ich pflege es zu tun.
[65] eßbarer Same des Schwadengrases (gramen oryzae minoris).
[66] Löffel.

mehr bekommen können. Bei dem Herren Augustin Kromayern zu Betlern hat man dessen gefunden, denn er in auch also mit und neben den Hirsen pflegte zu seen.

Sommerkorn[67]

Es ist auch eine Art des Korns, welches man auf die Sommersaats seet, das nennet man daher Sommerkorn, daß mans nicht wie ander Korn uber Winter seen darf, sondern auswerts im Lenzen, wenn man ander Sommergetreide pfleget zu seen, (je zeitlicher man es aber auswerts seen kan, je besser ists) wird auch mit der Sommerige[68] reif, gemeinlich erst mit dem Haber. Diß Korn leidets nit, uber Winter zu seen, wie es auch der Sommerweize nicht tut, als auch dagegen der Winterweize, Winterkorn und Wintergerste nicht tut, wenn man die im Früling auf die Sommersaats seen wolte, es brechte alles (wie es probirt worden) keine Früchte.

Sommerkorn wechset auch in geringen, leichten und sandichten Eckern, auch wenn es gleich mager ist. Darumb unsere Pauren, wenn sie sonsten kein Getreide auf solche geringe Ecker vortrauen wollen, seen sie Sommerkorn. Wo der Acker mager ist, bringet es ofte nicht viel uber den Samen, aber wo Mist ist, da wechset es zimlich mit Nutz, aber nit so reichlich als das Winterkorn in guten Eckern. Gibt, wenn es rein ist, viel schöner Meel, denn das Winterkorn. Man muß aber das Sommerkorn nicht so dicke seen als das Winterkorn, sondern auf ein Hubengewende uber zehen Bete darf man ein Scheffel Breßlisch Maß.

Den Acker zum Sommerkorn richt man zu wie oben zum Haber etc.

Heidekorn[69]

Wechset nicht gerne in leimichten und gar harten, starken Eckern, sondern in linden Eckern, auch wo es zimlich hoch und sandicht ist. Wenn es geile[70] Ecker hat, so wechset er groß und sehr reichlich.

Weil es ein geringschetzig Getreide, so seen das die Pauren hier nicht sonderlich, es were denn bisweilen in die Laiden[71] oder geringe Ecker, da nicht Haber oder sonst ander Getreide hin zu vortrauen ist.

Man nimmt zu Samen das allergeringeste, welches man mit anderm Getreide nit tut, denn man allwege zu Samen das beste in andern Getreide brauchet.

Man beseet mit einem halben Scheffel fast ein Hubengewende uber zehen Bete, da man des andern Getreides, als Haber, Gerste etc., wol anderthalbe Scheffel darzu haben muß.

Wenn das Heidekorn ein guten Acker findet (wiewol man es nit gern darein seet), so wird ofte von einem Viertel sechs Scheffel.

Das Stroh helt lang und viel Feuchtigkeit, muß lange auf dem Acker ligen, ehe man es aufbindet, doch ist es wenig nutz. Den Acker richtet man zu wie zum Haber etc.

---

[67] Sommerroggen.
[68] Sommergetreide.
[69] Buchweizen.
[70] üppige, fruchtbare Äcker.
[71] Lehde, unbebautes Feld.

Der wechset nit in hohen, steinichten und sandichten Eckern, auch nit in starken und harten, viel weniger in leimichten Eckern, sondern er wil einen linden, jedoch nicht allzulosen, holen, brandfleckichten und also einen sonderlichen, auserlesenen Acker haben. Wenn der gleich ein wenig Saurigkeit mit hat, schadets nicht. Unsere Pauren haben aller Flecke, darauf Flachs wechset, sonderliche Erfahrunge und seen den nicht in die Ort, da sie vor nicht guten Flachs gehabt, oder da er vor nicht hingeseet worden ist.

Wenn und wo er wol geret, treget er guten Nutz, bringet aber gar selten noch so viel Samen, als man geseet, bisweilen treget er den Samen nicht wider.

Und ist der Lein- oder Flachssamen dreierlei nach Art des Samens.

Als die erste Art ist der gemeine Lein.

Die ander Art heisset See-Lein und das Gespönste[72] See-Flachs. Ein Herde[73] uberscheust[74] mit der Spitze die ander im Wachsen und stehet also ungleich. Weil der sehr mißlich und hier nicht gerne wechset, auch wenig Samen gibt, so befleissigen sich die Paurn desselben nicht sonderlich.

Die dritte Art nennen etliche Staudelein, denn aus dem Hauptstengel, welcher grob ist, wachsen unten herumb andere[75] kleine Stengel herauf. Dessen wird hier nicht gezeuget, er sol aber, wie ich von andershero bericht, im Samen viel mehr tragen denn ander Lein.

Weil man aber den Lein gar viel dicker seet, denn alles ander Getreide, so muß man dessen allwege auf ein Fleck Acker drei Teil mehr haben, denn sonsten Getreide, als wo man ein Viertel eines Scheffels Korn hinseet, da muß man wol einen Scheffel Lein haben. Doch seet man den See- und Staudelein nicht so dicke als die erste Art.

Den Lein seet man in warmen Eckern ehe oder zeitlicher als in den kalten und sauren. Hier pflegen sie den ersten zu seen fast mit der Gerste oder wenig darfür oder bald darnach, den spaten, wenn der Apfelbaum wil blüen und wenn die Frösche regern[76]. Aber nach Gelegenheit der Witterung wird manchmal der erste, manchmal der ander und vielmal der letzte der beste, wie es auch sonsten mit anderm Getreide und Gewechsen gehet. Doch richtet sich menniglich nach des Bodems und Ackers Gelegenheit und Brauch.

Von Zurichtung des Lein- oder Flachsackers

Der Lein wil geilen und guten Acker haben, wie gehöret. Darumb, wo Leinacker ist, seet man den gemeinlich in die Rübestücke, die den vorgangenen Herbest zuvor getünget worden.

Im Fall man nicht Leinacker hat, der das vergangene Jahr zuvor getünget worden, als muß man den Mist im Herbst zuvor, ehe denn man auswerts seet, hinausführen und unterstürzen, damit er durch den Winter unter der Erden faule. Denn wenn man den

---

[72] Gespinst.
[73] Herde im Sinne von Menge?
[74] überschießt.
[75] Vorlage: anderer.
[76] dialektisch für quaken.

Mist, wie etliche tun, wil hinausführen im Früling, wenn man seen wil, sonderlich, wenn es grober Mist ist, so brennet er zu sehr, daß selten der Lein oder Flachs geraten kan.

Wenn man aber ja auswerts im Früling den Mist zum Lein erst wil hinausführen, so muß man gar kleinen, wolgefauleten Kühemist nemen, denn der brennet nicht so sehr als der grobe.

Im ersten Früeling aber umb Gregorii[77], sobald man wegen der Nässe darzu kommen kan, muß man den Acker mit dem Pfluge wider umbwenden, danach ruren, die Rur einegen und damit die Klösser zerreissen und gleich machen.

Als denn lesset man ihn ligen, biß man den seen wil. Da muß man den Acker aarn wie zum Wintergetreide, Bete und Forchen machen, und alsdenn seet man den Lein darauf. Wenn er geseet, führet man die Betforchen aus, auch wo vonnöten, macht man Wasserforchen, wie sonsten von dem Wintergetreide gehöret. Ists Sache, daß Rasen und Quecken da sein, muß man sie von dem Lein ablesen.

Hanf

Wil wie Flachs einen getüngeten Acker haben und wechset nicht gern in leimichten, starken, auch nicht in allzu hohen, gar steinichten Eckern, sondern wil einen feinen, linden und milden Acker haben.

Den Acker zum Hanf richtet man allerdinge zu, wie oben vom Lein- oder Flachsacker gesaget, und man seet den Hanf auch zur Zeit, wenn man den Lein seet oder wenig darfür, so bald sich der Acker darzu zurichten lesset.

Man darf[78] aber des Hanfs zu Samen nur halb so viel als des Leins- oder Flachssamens, als wo man ein Scheffel Lein seet, da darf man einen halben Scheffel oder wenig mehr Hanfs.

Der Hanf aber treget nicht in allen Stauden Körner, sondern etlicher blühet und bleibet doch taub, das ist, hat keine Körner, und diß nennet man Fimmel[79], wird ehe reif als der Hanf. Den muß man zeitlich ausropfen, oft in der ersten Erndte, in Bündlein binden und ein wenig dürren lassen. Der Fimmel gibt ein herrlich Gespönste oder Garn, besser denn der Hanf.

Den Hanf ropfet man erst nach der Erndte, nach dem er reif ist, aus, klopfet oder drischet wie ander Getreide die Körner heraus und arbeitet den Hanf zu Wercke[80] oder Gespönste, wie den Fimmel und Flachs.

Rüben

Rüben wachsen gern in linden Eckern, doch nicht in gar hohen, steinichten Eckern. Die muß man seen umb Jacobi[81].

[77] 12. März.
[78] bedarf.
[79] dialektisch für den männlichen Hanf.
[80] Werg.
[81] 25. Juli.

Anlangende die Zurichtung oder Arbeit der Ecker, muß man sie brochen viel zeitlicher denn die andern Ecker, und zwar alsbald umb die Pfingsten, so balde man den
Mist hinaus geführet hat.

Darnach ruren, inmassen, wie von Korn- und Weizeneckern gesaget, die Rur einegen
und gleich machen, und denn aarn, die Klösser oder Schollen zerreissen, die Betforchen
und Wasserforchen machen, wie mit gemeltem Getreide etc.

Rüben, so man aufs Feld seet, sind dreierlei, wie auch der Same dreierlei Art ist:

Stegrüben[82] nennet man, die klein und lenglicht sind, seind zu kochen und zu essen
die bequemsten, aber weil sie nicht groß wachsen und viel geben, so seet man dieses
Samens nicht gerne.

Die ander Art nennet man Wasserrüben, wachsen sehr groß, sonderlich, wo sie etwa
auf fettem Acker stehen. Ich habe der gesehen als ein zimlich Kochtopf groß, kochen
bald und geben viel Wasser, bleiben auch allwege wessericht, erjesen[83] leichtlich und
tauren nicht lange.

Darnach ist die gemeineste Art der Rüben, die etliche Mittelrüben nennen wollen,
deren brauchen sich unsere Pauren, wachsen nicht allzu groß, aber kochen und tauren
besser als die Wasserrüben.

Unter diesen dreierlei Rüben feget man die kleinsten, schüttet sie auf die Söller uber
die Stuben oder heftet sie an Faden und henget sie in die Luft oder Stuben und
lesset sie welken und dorren. Die schneidet man zu kochen Winterzeit.

Aber solche Fegerüben von Wasserrüben Art ist nicht gut zum Welken aufzuschütten,
denn weil sie viel Wasser haben, so gefrieren sie leichtlich, faulen und schimmeln auch
und kommen also leichtlich umb.

Rettiche

Was hier von Rübenacker und seiner Zurichtung gesagt wird, das mag man auch
von Rettichen, die man zu Felde mit und neben die Rüben pfleget zu seen, sagen.
Und seind auch die Rettiche dreierlei nach Art des Samens. Die ersten nennet man
Gartenrettiche, die seen die Pauren nicht, wachsen auch nicht zu Felde, sondern man
seet sie balde im Anfang des Lenzens oder darfür, wenn man[84] sonsten das Getetze[85]
seet, und sonsten allzeit im Lenzen und Sommer in die geilen oder fette Gärte wie
um Breslau sind. Diese Rettiche wachsen gar lenglicht, seind nicht so hart und scharf
oder sauer oder beissen nicht so sehr als die Feldrettiche.

Wenn man sie sonsten auf das Feld seen wolte wie die andern, werden sie gründicht[86] oder madenfressig etc.

Die ander Art der Rettiche nennet man Wasserrettiche, die seet man auf das Feld
mit und neben die Rüben, seind die grösten, wachsen nicht so lenglicht als die Gartenrettiche, sondern als die Rüben. Dieser Rettich ist gut, nicht so gar sauer oder scharf und
fast allhier bei den Pauren der bequemste, den sie im Winter in der Rübengruben oder

---

[82] Steckrüben, Kohlrüben.
[83] gären.
[84] Vorlage: wan.
[85] schlesisches Dialektwort für Gartengewächse.
[86] grindig, unrein.

im Sande vergraben halten und im Winter, sonderlich in der Fasten, vor das Gesinde anstatt des Keses zur Vespermahlzeit brauchen.

Die dritte Art der Rettiche nennet man Zwibelrettiche, darumb daß sie ganz rund und keulicht[87] wachsen wie eine Zwibel, seind auch sauer und scharpf, mehr denn die andern Rettiche. Deren brauchen sich die Pauren auch.

Wenn man nu diese nechstgenandte zweierlei Art der Rettiche wölle in den Gärten zeugen im Lenzen oder Früling wie den Gartenrettich, würden sie gründicht und madenessig[88].

Darumb seet man die nicht in die Gärte, sondern neben die Rüben aufs Feld umb Jacobi[89], wie oben von Rüben gesagt.

Umb Galli[90] pfleget man gemeinlich Rüben und Rettiche auszuhacken oder auszu-graben, den Acker aber, darauf die Rüben gestanden, mag man nur umaarn und vor Winters wider beseen, doch muß man die Rüben, wo man den Acker wider vor Winter seen wil, zeitlicher graben. In solchen Rübenacker aber, wenn er sonsten was stark ist, mag man Weizen einseen, ist er aber linde oder sandicht, der nicht Weizen treget, so seet man Korn darein.

Wenn man aber den Rübenacker vor Winter nicht seet, so seet man im Früling, wo der Acker darzu tüglich, Lein oder Gerste darein, oder ist es ein linder Acker, so mag man denn im Früling zur Sommersaats Sommerkorn oder früe Haber seen, wie oben stehet.

Ohne Rüben[91]

Es ist auch ein Art des Rübensamens, der da Samen allein und keine Rüben treget. Den seet man nicht zu der Zeit wie die andern Rüben, sondern gar zeitlich auswerts im ersten Früling, gemeinlich mit dem Haber. Er gehet auf wie Rüben und ist allerding anzusehen als Rüben, aber wenn die Rüben nicht wol fingerdick werden, so schossen sie und werden in der Erden harte wie Holz oder Krautstrünke, blüen gelb und fast also wie die andern Rüben und tragen wider ihresgleichen Samen, den brauchet man zu Oele, welches die Pauren sonst unter das Wagenschmer brauchen. Man kan das Oele auch zu andern Sachen zum Schmeren brauchen.

Der Acker richtet und bereitet man zu wie oben zum Haber.

Folget, wie man hierzulande die Röte[92] pflanzet und zurichtet

Die Röte, so man zum Ferben braucht, wird nicht geseet, treget auch keinen Samen oder Körner, sondern sie wird von den jungen Sprossen oder Keimen, so im Früeling aus den Rötestöcken wachsen, gepflanzet, als unten gesaget werden wird.

[87] kugelig, rund.
[88] madig.
[89] 25. Juli.
[90] 16. Oktober.
[91] Gemeint ist wahrscheinlich Sommerrübsen.
[92] Färberröte, Krapp.

Vom Acker

Röte wechset gemeinlich in allen Eckern, ausgenommen in den gar hohen und gar zu losen Eckern, so wol in gar leimichten und allzu harten Eckern, da wechset sie nicht gern und mit kleinem Nutz.

Sie wil aber gar geilen und guten Acker haben. Unsere Pauren und Gärtner tüngen den Acker alle Jahr oder zum wenigsten lassen etliche den im dritten Jahr allein ungetünget. Etliche, welches besser ist, wechseln den Acker jährlich, also, daß sie den Acker, der Röte (Herbestzeit ausgeworfen) getragen, mit Weizen oder Korn beseen und den Acker, so Weizen oder Korn getragen, zu Röte wider tüngen und graben. So dürfen sie den Acker nur also uber das ander Jahr tüngen oder mit Mist beführen etc. Den Mist führet man auf den Acker, wenn man darzu kommen kan.

Den Acker aber, darauf man Röte zeugen wil, grebt man auswerts umb Ostern oder wenig darfür, sobald er trucken gnug ist, daß man den graben kan. Etliche sagen, man solle den Rötacker graben, wenn die Rötkeimen herauf kommen.

Summa, man sol den Acker graben zum ehesten als sichs leiden kan, denn die Erfahrung gibets, daß in den Eckern, so man spate grebet, da sich der Acker nach dem Graben nicht ein Weile erlegen hat, die Röte nicht so gut wechset als in den, so man zeitlich graben hat. Man muß aber die Rötecker gar viel tieffer graben, denn sonsten andern Acker, und sonderlich in nidrigen oder nassen Orten feine hohe Bete und tieffe Forchen machen, damit die ubrige Nässe davon abschiessen kan, denn, wo sonderlich in nidrigen Eckern flache Bete sein, verderbet und vorhindert die Nässigkeit die Röte in Wurzeln, ob sie gleich am Stroh schön und lang wechset.

Wenn der Acker gegraben, so muß man den mit einem scharfen eisern Rechen gleich machen und die Klösser zerreissen, und wo starke Ecker sein, da hat ein starker Mann mit dem Rechen zu tun gnug.

Seind es aber leichte und sandichte Ecker, als kan ein Weibesperson oder Junge solches mit einem hölzernen Heurechen vorrichten.

Darnach lesset man den Acker ligen, bis daß man die Keimen[93] unterzeuhet[94].

Bisweilen bewechset der Acker, da muß man den, wenn man die Keimen unterzeuhet, reinigen oder das Bewachsene aushacken. Wo auch der Acker oben gar dürr ist, muß man das Dürre oben davon mit einer Krücken oder anderm Instrument in die Förchlein abstoßen etc.

Nun brauchet man ein Zeug, das man ein Ziehehau nennet, ist fast den Hauen gleich, welche die Weingärtner brauchen. Damit machet man ein Förchlein quer uber das Bete, und in dasselbe Förchlein legt man die Rötkeimen quer uber das Bete, eine ungefehr drei Querfinger von der andern. Seind die Keimen darunter etliche klein und geringe, so leget man deren bisweilen zwei, auch wol drei, zusammen.

Wenn diß Förchlein also mit Keimen beleget ist, so macht man daneben quer uber das Bete ein ander Förchlein. Damit schüttet man das vorige Förchlein, so da mit Keimen beleget, zu und beleget also wider das gemachte Förchlein mit Keimen, und so fortan.

[93] Vorlage: Keinen.
[94] unterziehen, pflanzen.

Wenn die Forchlein untergezogen oder mit Erde bedecket sein, so laufet einer mit blossen Füssen zwischen den Keimen in den Forchlein quer über das Bete, wie sie eingezogen sein, und tritt die Forchlein also ein.

Man sol aber sonderlich Acht darauf geben, daß die Keimen nicht verdorret oder verwelket sein, wenn man sie einleget, denn sie bekleiben[95] nicht, sondern je ehe und je feuchter man sie unterzeuhet, je besser ists. Wenn der Acker in den Forchlein, darin man sie legt, nicht Feuchtigkeit hat, hat man Wasser bei sich und geusset in die Forchlein, netzet auch die Tolden[96] oder Würzelein unten an den Keimen.

Und wenn man sie also untergezogen und eingetretten hat, lesset man sie also ligen, bis sie bekleiben. Ungefehr vierzehen Tage darnach, wenn sie bekleiben, hacket man die Forchlein, so man eingetretten hat, oben ein wenig auf mit einer kleineren Ziehehaue, die man ein Krelchen[97] nennet, damit die Oberhaut des Ackers linder werde und hinunter vom Regen Feuchtigkeit fassen kan.

So lesset man sie denn wachsen vierzehen Tage oder drei Wochen, darnach es die Gelegenheit gibet.

Als denn druckt man die Keimen mit dem Stabe oder Handhabe an der Haue hinüber auf das ander Förchlein darvor, daß man sie gleich schlecht niderdrucket und getet[98] alles gewachsen Unkraut rein aus. Und mit der kleinen Ziehehau, das man das Krelchen nennet, nimpt man die Erde aus den kleinern Förchlein und schüttet sie auf die nidergedruckte Keimen, und diese Arbeit nennet man Strecken, und geschicht diß erstlich, daß sich das Stroh nicht uberwachse, sondern die Röte unter sich an Stecken und Wurzeln wachsen sol. Darnach, daß die Röte desto lenger Stöcke gewinne, denn lesset man sie also ligen biß inn Herbst, da man sie auswerfen wil etc.

Umb Michaelis[99] ungefehr, wenn man die Röte auswerfen wil, so reumet man das Rötestroh mit einer Sichel oder anderm Instrument abe und wirfet mit einem langen, großen Grabscheit, das man ein Rötteisen nennet, die Stöcke heraus. Man muß aber gar tief stechen, wenn sie sehr tief, sonderlich inn linden Eckern, gewurzelt hat, daß man die Wurzeln nicht zerreisse. Man schirret[100] oben ein wenig Erde mit dem Grabeeisen hinweg und reumet zu den Stöcken, damit man sie nach den Förchlein auswerfe, und zwischen den Stöcken hinein steche, damit man die Stöcke nicht zersteche und also ein Zeile nach der andern herauswerfe.

Einer, der auswirfet, muß alwege ein Person haben, die den Schollen Erde, so der Gräber heraus wirfet, mit einer Rübehacken zerschlage und den Stock und Wurzel der Röte herauslese und abschüttele etc.

In etlichen Orten lesset man die Röte zween Sommer ligen und wachsen, sol dicke Stöcke und Wurzeln haben, und es sol die Röte ja etwas besser und schöner werden. Aber hier sagen die, so sich der Röte befleissen, daß sie es mehr und besser zweimal denn einmal geniessen. Darum werfen sie die alle Herbst aus, one was sie sonsten zu Keimen ligen lassen. Das bleibet uber Winter, bis man die Keimen ausropfet und einleget.

[95] anwachsen.
[96] Knollen.
[97] Krewel, Kräuel, dialektisch für Hacke, Haue.
[98] jäten.
[99] 29. September.
[100] zu schoren, mit der Haue behacken.

Die Keimen aber, so man auswerts einlegen will, zeuget man also: Man reumet im Herbst das Rötestroh nicht abe wie von der Röte, so man auswerfen wil, sondern wer da wil, der mag das öberste, so grün ist, dem Viehe mit einer Sichel abschneiden, kan nicht schaden. Etliche lassen es gar bleiben.

Nu nemmen etliche noch vor Winterzeit Erde aus den Betforchen oder von einem andern Bete und bewerfen das Bete, das sie wollen lassen zu Keimen ligen, mit der Erde, eines Querfingers dicke ungefehr.

Andere lassen es uber Winter also ligen und auswerts zu Mittfasten ungefehr, ehe denn die Keimen herauskommen, bewerfen sie also die Röte, so zu Keimen ist ligen blieben, allererst, wie oben gesaget, mit Erde, und diß geschicht darumb, daß die Keimen sollen lenger Tolden[101] oder Wurzeln gewinnen, und denn egen oder zerreissen sie mit einem eisern Rechen, oder, wo der Acker, so sie darauf geworfen haben, sich fein zerschütt[102] oder linde ist, mit einem hölzern Rechen die Erdschollen oder Klösser, wie sie sonsten den gegrabenen Acker egen und gleich machen. Wenn sie nu die Keimen ausgeropfet, so werfen sie die Röte wie oben von der Herbströte gesaget, aus, und man nennet diese Röte die Keimenröte, ist viel besser und schöner zur Farb, denn die Herbströte, gilt auch gemeinlich was mehr; aber sie wieget weniger. Da sonst der gestampten Herbströte ein Viertel eines Scheffels Breßlisch Maß ein Stein[103] wieget, muß man der gestampten Keimröte wol anderthalb Viertel eines Scheffels obgenanten Masses darzu haben.

Etliche belegen dieselben Bete, darauf die Keimen gestanden, bald wider, aber es wird die Röte darauf nicht so gut als auf den andern Beten.

Etliche streuen vor Winterzeit Mist auf die Rötebete, so sie zu Keimen ligen lassen, wenn sie dieselben Bete, nachdem sie die Röte ausgeworfen, wider mit Keimen belegen wöllen, denn so ligen unter dem Mist die Keimen, so herfür kommen sollen, vor dem Winter fein warm, gewinnen auch feister Tolden und wird der Acker getünget. So man wider Keimen drauf pflanzet oder leget, so wird die Röte besser denn sonsten auf den Keimbeten, die man nicht getünget hat.

Gemeinlich aber pflegen die Gärtner solche Keimbete, wenn sie die Röte ausgeworfen, mit Gerste oder Hirse zu beseen.

Folget, wie man die Röte zurichtet

Wenn man sie zuvor fein in der Sonnen oder Luft welk werden lesset, ist gut.

Darnach haben etliche Derrestuben[104] oder sonsten in gemeinen Stuben legen sie die auf die Hurten[105], die sonderlich darzu gemacht sein, heizen die Stuben warm ein und machen in der ersten, weil die Röte noch feuchten Brodem hat und gibt, die Fenster auf, daß die Feuchtigkeit und Brodem hinaus kan. Als denn dörren sie dieselbe, daß sie sich gar mit den Henden brechen lesset, und schütteln die Erden wol heraus oder lassen die durch ein enge Sieb herauslauffen und tun die gebrochene Röte in ein Faß

---

[101] Knollen.
[102] zerkleinert.
[103] Wollgewicht. 1 Stein war etwa 20 Pfund schwer.
[104] Dörrstuben.
[105] Hürden.

oder in Secke, halten sie warm zum Stampen, und weil sie die stampen, legen sie andere zum Dörren auf, inmassen wie gesaget.

Und woferne man mit dem Dörren fein gemäch und langsam umbgehet, daß man die Röte nit bald zu harte verbrennt, wird sie viel schöner, denn die eilend gedörret wird. Dieselbe wird gemeinlich breuner.

Arme Leute und die nicht Stuben darzu haben, trucknen sie in der Luft wol abe und darnach stecken sie die in ein heißen Backofen. Wenn man sie nur nicht zu grün einstößet und verbrennet, so wird sie gleich schön, als die in Stuben gedörret wird, jedoch muß man wol Acht darauf geben, daß man sie nicht verdörre, denn sie wird schwarz, wenn man sie zu feucht einstösset oder verdorret, wie man es nennet.

Gemeinlich pflegt man hie die gedörrete Röte zu stampfen, und wenn man ein Stampfe voll ausraffet, so muß man sie durch ein sonderlich Sieb in ein Faß reutern[106]. Der Kern, so sich nicht bald zerschlagen lesset, und was noch grob ist, das bleibet im Siebe. Darzu nimpt man ein Hand, woll[107] zwei, ungestampfete und tut es durcheinander und schüttets wider in Stampfen, und das tut man also fortan.

In etlichen Orten pfleget man die gedörrete Röte zu malen, und haben sonderliche Beutel darzu, dadurch die kleine leuffet, wie das Meel. Was grob ist, schütten sie wider auf die Mühle, wie man sonsten mit den Mahlen des Getreides pfleget.

Die gestampfte aber sol schöner werden als die gemahlene, so versteubet auch im Mahlen viel, darumb unsere Leute die nicht mahlen lassen, sondern selbst stampfen, wiewol es mehr gestehet und mehr Arbeit gibet denn das Mahlen.

Weiß- oder Heuptkraut

Diß wechset nirgens besser oder lieber denn in den Rötforchen neben der Röte. Man sol aber die Forchlein, darein man die Rötkeimen leget, nicht allzu sehr herunder in die Betforchen ziehen, noch mit Rötkeimen belegen, damit die Krautpflanzen, so neben die Rötkeimen gesetzet werden, nicht zu sehr in die Betforchen herunter, sondern zimlich hinauf gesetzet werden und den Mist erreichen, denn wenn sie zu tief herunter in die Forchen kommen, so können sie die fette Erde nicht erreichen. Darumb das Kraut, das fein hoch hinauf gesetzet, allezeit besser wechset und größer Heupter gewinnet, denn das zuviel herunter gestecket wird.

Wenn nun die Rötebete fein hoch gemachet und mit dem Einlegen der Keimen nicht sehr herunter gezogen werden, so bleiben feine geraume Betforchen, so kan man noch in die Betforchen herunter neben den öbern Pflanzen noch eine Pflanzen herunterwerts setzen. Gewinnen dieselben nicht Heupter, so werden doch Questen[108] oder Viehkraut daraus, daß man desselben Raumes in den Forchen gleichwol geniessen kan.

Man sol auch die Pflanzen nicht zu dicke stecken, sondern allzeit neben das ander Querförchlein uber das Bete, darein die Rötkeimen gelegt, einpflanzen, also daß immer ein Förchlein oder Zeilchen der Rötkeimen darzwischen frei oder ledig bleibe.

[106] rütteln.
[107] Vorlage: voll.
[108] Büschel.

Kraut aber wechset nicht in harten, schwarzen und lettichen[109] oder leimichten[110] Eckern, ausser neben der Röte. Wenn es auch nicht zu dürre hat, wechset es ja, aber nicht groß.

Es will es auch nicht tun in sauren, auch nicht in holen, allzu losen Eckern.

So wil es auch ein fetten und geilen Acker haben, der alle Jahr getünget wird.

Wie man den Acker zurichtet

Wo man die Krautpflanzen nicht neben die Röte setzet, graben etliche darzu, etliche arbeiten den Acker mit dem Pfluge, wie sonsten zur Sommerige[111], doch auf dem gegrabenen Acker wechset es gemeinlich besser denn nach dem Pfluge, denn im Graben kömpt der Mist was tieffer in die Erden und kan nicht, sonderlich im trucken Sommer, so viel brennen.

Darumb, wenn man die Pflanzen nach dem Pfluge setzen wil, ist es gut, daß der Mist darzu im Herbst hinaus geführet und untergearn[112] werde, damit er durch den Winter im Acker lige, so kan er nicht so viel brennen.

Wenn man die Pflanzen setzet, so macht man mit einem Finger oder Holz ein Loch in die Erden und stecket die Pflenzlein hinein bis fast an die Bletlein, füllet es mit Erden und druckets zu.

Ist der Acker trucken, so muß man in giessen, ist aber der Acker sonst feuchte, so darf man nicht. Darumb stecket man sie gemeinlich nach dem Regen, so darf man ihn nicht giessen.

Sobald die Pflenzlein bekleiben[113], muß man sie fein umbhacken und die Erde fein lose machen und sie mit der Erde fein hoch umbschütten, sobald ein Regen kömpt, und diß tut man oft zweimal.

Wenn auch Graß und Unkraut wachsen wil, solches rein aushacken und ausgeten, und summa, je öfter man es umbhacket, getet und rein machet, je besser ist es.

Die Krautpflanzen setzet oder stecket man, so bald man pfleget die Rötkeimen unterzuziehen, welches geschicht gemeinlich umb Pfingsten oder wenig darfür.

Doch, wo man sie nicht neben die Röte setzet, sondern sonsten auf den gegrabenen oder gepflügeten Acker, wo ferne die Pflanzen zeitig und groß gnug, kan es nicht schaden, wenn es gleich vierzehen Tage darfür geschicht.

Allein zu merken, daß man die Pflanzen nicht gern im abnemenden Monden und sonderlich, wenn der Monde gar alt ist, sondern im zunemenden Monden setzet, dieweil es im zunemenden Monden immer fein grün sich helt, doch muß man sich nach Gelegenheit der Zeit richten, denn man auf den neuen Mond nicht allzeit warten kan.

Sommerzeit, wenn die untersten Bletter wol gelbe werden, mag man sie abbrechen und dem Vihe geben.

Auch so der Schmeissen[114] von den Molkenstellern[115], daraus die Raupen wachsen,

---

[109] mergelig.
[110] lehmig.
[111] Sommergetreide.
[112] durch die Aarn untergepflügt.
[113] anwachsen.
[114] Insekteneier.
[115] Molkenstehler, d. h. Kohlweißling.

darauf vermerket werden, sol man die auf den Blettern bald, ehe denn sie lebendig werden, zerreiben oder zerdrücken oder ja in ein Gefeß das Bletlein, so weit die Schmeissen sein, abbrechen, in das Wasser werfen oder begraben, denn wenn man sie lesset lebendig werden, kan man es darnach ubel wehren.

Es wollen etliche sagen, man solle den Kapsamen, daraus die Krautpflanzen wachsen, zuvor, ehe man den seet, in einem zerstoßenen Knoblauch feuchten oder damit begiessen, so sesse kein schmeißender Molkensteller darauf. Weil ich es nicht versuchet, lasse ich es in seinen Wirden bleiben, es mag es jeder probiren, kan nicht schaden.

Wenn man das Kraut hat abgehauen, sol man die Krautstrünke mit den Wurzeln nicht lassen im Acker stehen, sondern, wo nicht vor Winters, doch auswerts ausreuffen sampt den Wurzeln und vom Acker tragen, denn sie verseuren den Acker.

Folget, wie man den Kapsamen, daraus Krautpflanzen wachsen, zeuget

Herbstzeit nach Michaelis[116] reuffet man Krautheupter sampt dem Strunk, Blettern und Wurzeln aus und helt sie etwa in einem truck/nen Ort, da sie nicht gefrieren.

Auswerts, wenn man ander Getetze[117] seet, so setzet man sie auch in die Erden sampt dem Heupt, das nichts mehr denn oben, da es auskeimen und wachsen sol, uber der Erden bloß bleibe. Als denn wechset und schosset es hoch, blüet und treget Samen.

Denselben Samen aber, wenn er reiff wird, schneidet man abe, klopfet ihn aus und seet in denn, wenn es wider auswerts kömpt, so bald man darzu graben kan, bisweilen umb Mathiae Apostoli[118], bisweilen bald oder vierzehen Tage darnach, den letzten aber um Gregorii[119] und schadet im kein Gefröste, und je ehe man ihn seet, je besser ist es.

Der Kapsamen aber wil ein fetten Boden haben und wechset am liebesten auf dem neuen Lande.

Folget das ander Teil dieses Büchleins.
Von der Viehezucht.

Wie man dieser Ort bei den Pauren Viehe zeucht, füttert, nehret und mestet, kurzer Bericht

Rindviehe

Kelber zu erziehen und abzusetzen, sol man lassen saugen zum wenigsten biß in die fünfte Wochen, und sol dieselben nemen von grossen und langseitichten[120] Kühen, denn gemeinlich (wie die Erfahrung gibt) schleget die Art der Kelber den Kühmüttern nach.

[116] 29. September.
[117] Gemüse.
[118] 24. Februar.
[119] 12. März.
[120] lang gewachsene.

Man sol aber (so viel müglichen) die Kelber im ersten Winter und so viel besser, wenn man sie haben kan, im Herbst absetzen, dennn so zeitlich abgesetzt, haben allzeit mit dem Wachsen ein groß merkliches Vorteil.

Und sonderlich, was so gar spate und langsam abgesetzet und jung den Sommer erreichet, denen ist die Weide oder Graß nit so gedüglich[121], als was beim Futter Winterzeit und im Früeling zu Kreften kommen, so wol können die spat abgesetzten Kelber wegen der Mücken und Fliegen Sommerzeit nicht gedeien.

Folget, wie man hier die abgesetzten Kelber pfleget zu füttern

Als erstlich dienet in die Söde[122] von Gerstenstroh, sehr klein geschnitten, am bequemesten. Darunter menget man ein wenig Habers- oder nur Rockenkleien und ein wenig ganzen Haber darunter, feuchtet es mit ein wenig Wasser und rüret es durcheinander. Etliche brocken gar ein wenig Brot und Salz darunter etc. Darnach leget man ihn ein Heu vor.

Was schönbletterict Heu ist, das dienet ihnen wol, oder aber gut Grummet, das wol aufkommen, und solche Fütterung gibt man ihnen des Tages dreimal, als des Morgens, im Winter eine Stunde vor Tage, zu Mittage und auf den Abend. Sonderlich aber sol man sich hüten, daß man ihn nicht beschlemmet[123] Heu oder Grummet vorlege, denn sie es viel weniger denn das alte Viehe verwinden können und sterben oft auch davon, wie man erfahren hat.

In das Trinken streuet man ihn ein wenig Salz, das man ihn auch das Trinken mit Kleien oder Oß[124] menge, ist desto viel besser, so mag man in auch Steinsalz vorlegen.

Umb Philippi Jacobi[125] ungefehr treibet man die jungen Kelber in die Weide, denn darf man sie daheim nicht mehr füttern. Man sol ihn aber die beste Weiden eingeben und sie nicht im Gehölze oder Strütticht[126] Sommerzeit, wenn es heiß ist, hüten, denn die Mücken und Bremen[127] plagen sie zuviel.

Wenn die Kelber nun eines Jahres alt sein, als auf den andern Winter, sol man ihnen mit dem Futter ein wenig gütlicher tun denn dem andern Viehe, als daß man ihnen die Söde kleiner schneide, mit guten Spreuen ein wenig besser menge, auch desto mehr Heu etwa vorlege, damit sie im Wachsen fortfahren.

Das erwachsene Rindviehe füttert man also, wie folget

Des Morgens früe, etwa eine Stunde vor Tage, treget man in ein Söde für, mit Spreuen (wo man es nicht besser hat) gemenget.

Wenn sie die gefressen, wo nicht uberflüssig Heu ist, leget man ihnen kleine Wurn-

---

[121] gedeihlich.
[122] Sud, Futtertrank.
[123] schlammbedeckt.
[124] Schrot.
[125] 1. Mai.
[126] Gestrüpp.
[127] Bremsen.

gebünder[128], wo die vorhanden, oder sonsten ein Gersten-, Weizen-, Hirsen- oder Erbeßstroh für.

Und denn darauf Heu, darnach ein jeder Wirt am Heu Auskommen hat. Darauf trenket man das Viehe, Winterzeit, wo des Viehes nicht viel ist, mit warmen Gespüle, oder mengets mit Kleien, Oß, Kraut oder Rüben. Wo diß nicht vorhanden, mit lauterm Wasser. Die des vermögens sind, kan es nicht schaden, daß man dem Rindviehe Steinsalz fürlegen lasse.

Etliche streuen ihn klein Salz in die Krippen zu lecken, etliche werfen es ins Gespüle, damit sie das Viehe trenken, ist ihnen gut.

Wenn die Tage kurz, so leget man dem Rindviehe zu Mittage nur etwas von Stroh oder Heu für, nach dem ein jeder des vermögens am Futter ist. Im harten Winter ist das Erbeßstroh darzu am bequemesten.

Auf den Abend helt man die Fütterung wie des Morgens etc.

Wenn aber die Tage was an der Lenge zugenommen, so füttert man zu Mittage auch mit einer Söden und darnach mit Heu oder Stroh, wie oben, nach dem ein jeder Fütterung hat.

Melkviehe und Kühe, so da Kelber seugen

Doch den Kühen, so da Kelber seugen, sol man umb Nutzes willen in obgenandtem Futter und Trinken allezeit besser Ausrichtung tun, sonderlich, wo man Kraut, Rüben, Treber oder Heu hat und haben kan. Es gibt am Nutz der Kelber und Milch alles wider.

Dem Melkviehe wöllen etliche kein Haberstroh geben. Denn man helt es darfür, daß sie davon verseigen[129] oder in der Milch abnemen sollen.

Gelde Rindviehe

Was aber Ochsen und Geldeviehe, das nicht Melkviehe ist, das kan man allein bei dem Sode mit Spreuen gemenget und Strohfutter erhalten, wo man es nicht besser hat.

Zu merken:

Das Hirsestroh, so nicht recht dürr aufkommen (denn es lange dörren wil und helt viel Feuchtigkeit), weil es gemeinlich in den Gebunden, so man den Hirsen ausgedroschen, gar schimlicht von Feuchtigkeit wird, ist dem Viehe nicht gut vorzulegen, sowol beschlemmet[130] Heu, das sol man dem Viehe nicht geben, denn sie ofte davon kranken oder sterben, wie die Pauersleute in Erfahrunge haben.

Söde sol man von gutem, reinen Stroh schneiden, als Rocken-, Weizen- und Haberstroh durcheinander, jedoch, daß man die Söde vom Haberstroh dem Melkenviehe nicht untermenget, weil sie (wie der Paurenweiber halten) davon verseigen.

[128] Bunde von Wirrstroh, das auf der Dreschtenne zusammengeharkt wurde.
[129] versiegen, die Milch verlieren.
[130] schlammbedeckt.

In etlichen Orten und bei armen Gärtnern und Hausleuten, welche die Strohsöden sonst nicht mit Spreuen zu mengen haben, schneiden rein Grummet oder Katzen-zagel[131], wie mans nennet, so in den Wassern oder wässrigen Orten wechset, darunter, wenn es im Sommer wol aufkommen und gederret worden oder aber Gnickisch[132] (ist fast dem Schilfe gleich), das essen die Kühe nicht ungerne in der Söden.

So sol man auch Achtung geben, daß man nicht stinkend Stroh oder Futter zur Söde schneide, und die geschnittene Söde, so wol die Spreuen, so man unter die Söde mengen sol, auf einem Öberboden halten oder in einer gedieleten Hecksel- oder Söde-kamer, daß sie nicht müchinzende[133] oder stinkend werden.

Die Melkkühe sol man allwege rein ausmelken, denn wenn man sie nicht rein aus-milket, so verseigen oder nemen sie in der Milch abe.

Und man milket sie, so lang sie Milch geben wollen, es were denn, daß sie entlos-sen[134] wolten, oder ungefehr acht oder neun Wochen, ehe denn sie kalben.

Die aber sich nicht wider beworben[135] oder tragende sind, die milket man durch das ganze Jahr, auch ofte viel lenger, es were denn, daß sie gar kein Milch geben wolten, bis sie zu Nutz werden oder kalben, acht oder neun Wochen noch Zeit vor sich haben, da muß man sie lassen vorseigen.

Man milket aber in den langen Tagen, umb Ostern ungefehr anzufangen bis auf Crucis[136], des Tages dreimal, und in kurzen Tagen, von Crucis bis Ostern ungefehr, zweimal.

Folget, wie hie die Pauren die Kühe und Ochsen zum Schlachten mesten

Arme Leute, so nicht viel auf die Mastung zu wagen, mesten das Rindvieh gemein-lich Herbstzeit mit Kraut und Rüben, so sie unter Hecksel oder Söde mengen.

Und daneben haben sie gut Heu und gemenget Trinken. Was man Winterzeit mestet, dem gibet man Treber mit Oß[137] oder Kleien und Söde gemenget. Etliche schneiden ihnen die Söde aus Schneidefutter, Wickengemenge oder Habergarben.

Im Mangel der Treber brauchen etliche Gerstenspreuen, die sie mit heissen Wasser einbrüen und mit Oß mengen. Davon mastet das Rindvieh nicht ubel.

Man helt darvon, daß man das alte Viehe im neuen oder zunemenden Liechte des Mondens oder ja bald darnach schlachten sol, denn das Fleisch sei was mürber oder leichter zu kochen.

Jungviehe aber solle man im gar alten oder fast ausgehenden Monden schlachten.

Und sol diß nicht allein vom Rindviehe, sondern von allerlei Viehe verstanden werden.

Ich habe es auch befunden, daß das Fleisch von alten Rindern im neuen und bald anfangenden Monden geschlachtet, eher kochet und mürber werde denn von altem Viehe im alten Monden.

[131] Kannenkraut, auch Schachtelhalm.
[132] Binsen.
[133] modrig.
[134] verkalben?
[135] trächtig werden.
[136] 14. September.
[137] Schrot.

Daß es kein Superstition ist meines Erachtens daher zu gleuben, weil es mit andern natürlichen Dingen also beschaffen, daß sie im zunemenden Liechte des Mondens mehr Feuchtigkeit haben denn im abnemenden oder alten Monden, daher man auch im neuen oder zunemenden Monden kein Bauholz fellet, denn weil es viel Feuchtigkeit hat, wird es desto eher faul und würmig.

Schweine

Wie oben vom Rindviehe gesaget, so befleissigen sie sich auch so viel möglichen, daß sie langseitichter und gewechsichter Art Fehrmütter[138] zur Ferkelziehung halten, denn wie die Erfahrung gibet, so ist freilich der Art nach viel daran gelegen.

Den jungen Ferkeln, so man absetzen wil, sol man in der vierdten Wochen Gersten vorstreuen, daß sie essen lernen, weil sie noch saugen. Auch mag man ihnen ein wenig Getrenk von Gersten-Oß oder Meel gemenget vorsetzen.

In der fünften Wochen, etliche in der sechsten, setzet man sie von den Müttern abe, da ist inen nichts besser und bequemer, denn Gerstenkörner und Getrenke von Gersten oder sonsten Oß oder Meel gemenget.

Da muß man sonderlich ihr wol warten, daß sie wol zu Sterke kommen und nicht bald im Absatz verbutten[139] oder vermagern, denn sonsten bringet man sie nicht zu Kreften und wachsen nicht fort.

Es ist auch gut, daß man sie des ehesten man es haben kan, im Suge oder bald darnach, schneiden lasse, ehe sie erwachsen. Und wenn sie geschnitten, zween Tage ungefehr gekochten Haber geben und ihr wol warte mit Essen, biß sie wol verheilen.

Den Schweinen aber, so abgesetzet und bei guter Nahrung ein viertel Jahr erwachsen sein, darf man im Sommer nur gemengetes Gespüle des Tages dreimal, als zu Morgends, Mittag und Abends, vorgiessen. Erhalten sich von der Weide und Wurzeln auf dem Felde.

Winterzeit aber, wo nicht Treber, brüet man allerlei kleine Spreuen, es sei Knottenspreuen[140] vom Flachse, Hirse, Gersten, Haber oder Rockenspreuen etc. Die menget man mit ein wenig Oß oder Kleien, doch je mehr man untermenget von Kleien oder Oß, je besser ist es.

Etliche brauchen anstatt der Kleien oder des Osses Leinkuchen zu mengen. Die stampfen sie zu Meel oder weichen sie ein und mengen damit die Spreuen. Auch geben inen etliche, so bei Stad oder in der Nahende, das Gespüel vom Brandtwein etc.

Es kan auch nicht schaden, daß man in das Gespüele und Trinken, so man den Schweinen vorgeust, ein wenig Salz werfe.

Etliche legen in die Tennen oder Faß, darein sie das Gespüel giessen, Schweffel.

Etliche legen und halten übers Jahr darinne Geistwurzel[141], Baldrianwurzel, kan nicht schaden.

---

[138] Mutterschweine.
[139] kümmern, nicht gedeihen.
[140] Spreu von Samenkapseln des Flachses.
[141] Geistwurz, Geißfuß (angelica).

Mastung der Schweine

Mit den Eicheln ist eine gute Mastung, mit den Bucheckern auch. Wenn man die nicht haben kan, so mesten etliche die Schweine mit dem Haber, also daß sie den Haber vor wol derren, geben den Schweinen dessen des Tages dreimal und ein gemengetes Trinken allwege darauf, ist eine gute Mastung.

Andere mesten die Schweine mit Gersten wie mit dem Haber. Es wird aber das Schmer[142] und der Speck herter und nicht so körnig oder schmeidig als vom Haber.

Auch wenn man den Trespen[143] mit wenig Korn darunter oder das Korn in einem Kessel kochet, kan man wol davon mesten, sonderlich, wenn das Korn sonsten wolfeil ist. Man darf ihnen aber nicht so viel Trinken darauf geben als auf den gedörreten Haber oder Gersten, wie oben.

Auch arme Leute, so Treber haben können, mesten mit Treber und Kleien, aber ist ein geringe Mastung.

Mit Leinkuchen kan man auch mesten, also, daß sie die Leinkuchen zerstossen und Gespüele darauf giessen, daß ein Teig werde, aber es ist nicht gut zur Mastung, denn das Fleisch wird gelbe davon und schmecket nach Oele.

Roß

Wer gute Roß wil aufziehen, sol sich eines guten Stutthengest und guter Stuttin befleissigen. Der Stutten auch, wenn sie sehr tragende oder trechtig (wie man es nennet), mit der Arbeit verschonen und etwa mit der Fütterung was gütlicher tun, sonderlich wenn sie fohlen und seugen söllen, denn sie sonsten leichtlich vorschiessen[144] oder sonsten, wenn sie vermagert, geringe Fohle bringen.

Die Stutten sol man belegen umb Ostern oder Georgii[145] ungefehr, sonderlich, wenn man Begier zum Rasten[146] vermerket.

Die Feldroß, so Winterzeit nicht viel ziehen oder arbeiten, füttern die Pauren mit einer Söden, mit Spreuen gemenget, und mit Stroh, so sie den Rossen vorlegen lassen. Wird es inen gut, so bekommen sie bißweilen Heu oder bißweilen ein wenig Uberkehre, das ist, das man von dem Getreide in der Scheunen mit den groben Spreuen und Ähren mit dem Flederwische abkehret. Etliche, die sie wollen sterker halten oder Winterzeit damit arbeiten, schneiden Habergarben oder Wickengemenge unter die Söde, etliche unter vier Schütten Stroh eine Garben, etliche aber eine Garben unter drei Schütten Stroh, nach dem es ein jeder vermag oder wil.

Folget, wie hier die Pauren den Feldrossen die Fütterung austeilen und vortragen lassen

Winterzeit und so bald die Roß nicht mehr draussen auf der Weide sich erhalten können, legen die Armen, so es nicht besser machen können, den Rossen des Morgens ein Söde mit Spreu gemenget vor.

---

[142] Schmalz.
[143] Treber, Trester.
[144] verfohlen?
[145] 12. März.
[146] zu rasteln = in anhaltender Bewegung.

Darauf ein Stroh, sonderlich aber, wo man Haberstroh hat, ist ihnen bequemer als den Kühen. Wo aber Heu vorhanden, ist gar viel besser. Lassen sie auch ihres Gefallens trinken, wenn und wie viel sie wöllen aus den Wassertrögen in Höfen.

Zu Mittag leget man ihnen nur Stroh für. Zur Abfütterung aufn Abend wie des Morgens.

Auch leget man ihn Steinsalz bei etlichen Pauren und Forwergen[147] in die Höfe oder in die Krippen.

Was aber junge Fohlen sein, den muß man was gütlicher tun, ihnen die Söde mit Haber oder Oß mengen, gut und rein Heu und Uberkeren geben, daß sie fein auswachsen, denn was in der Jugend verbuttet[148], wird selten was Gutes aus.

Man sol sie auch nicht anspannen oder harte ziehen und arbeiten lassen, biß sie drei Jahr alt worden.

Was aber Wagenroß sein, füttert ein jeder seins Vermögens. Etliche geben nur Tag und Nacht auf ein Roß 1 Metzen[149] Haber oder sonst Oß oder Mengsel ein Metzen unter die Söde, etliche mehr, etliche weniger auf ein Roß unter Söde zu mengen. Nach dem es ofte auch die Notdurft erfordert, nachdem die Roß arbeiten müssen, sonderlich in der Saats, wenn man sie sehr arbeitet.

Es befleissigen sich die guten Wirte, daß sie die Feld- und Wagenroß stark in Winter bringen, alsdenn können sie den Winter bei geringen Futter desto besser tauren. Und wenn es harte Kälte, halten sich die Wagenroß beim Leibe, so nur vor stark in Winter komen, bei gar geringen Futter, da man Tag und Nacht auf vier Roß ein Viertel Haber nur gibet unter die Söde.

Etliche schneiden ihn auch unter die Söde nur Wickengarben, als zwei Gebund Rokkenstroh und ein Gebund Wicken oder ein Habergarben, oder mehr oder weniger, darnach es von Nöten und auch bei den armen Pauren das Vermögen ist.

Aber es ist den Rossen viel gesünder, so man den Haber ausdrischet und menget ihn, so viel man wil, unter Rockensöde, denn da kömpt im Dreschen und Worfen[150] des Habers der Staub aus dem Haber.

So ist auch das Rockenstroh geschnitten den Rossen kreftiger und bequemer als Haberstroh.

Etliche mengen die Söde mit Kleien, das ist ein geringe Mengsel, etliche mit Gerstenoß, das ist besser und füttert sich wol damit. Es werden die Roß in der Arbeit tauerhaftiger davon.

Mit Korn[151] zu füttern aber ist gefehrlich, denn die Roß gerne davon sterben, wenn man sie damit uberfüttert.

Doch wenn die Pauren damit in der Not füttern müssen, so begiessen sie die Söde mit Korn gemenget wol mit Wasser, dürfen[152] des Korns nicht so viel zum Mengen als Haber, und trenken die Roß darauf. Darzu gehöret gleichwol Vorsichtigkeit, wie man ohne Schaden damit füttert.

---

[147] Vorwerk, Landgut.
[148] kümmern, nicht gedeihen.
[149] Hohlmaß für Getreide, $1/16$ Scheffel, also zwischen 6 und 9 Liter.
[150] durch Werfen reinigen.
[151] Roggen.
[152] bedürfen.

Wenn die Pauren vor der Erndte kein Futter haben, so schneiden sie den Wagen-rossen neugewachsen Korn sampt dem Stroh und den Ähren und begiessen sie mit Wasser. Aber es ist den Rossen nicht gut, werden matt und uberkommen böse Zungen von den Kornähren und stachlichen Spreuen.

Auch halten sich viel Wagenrosse Sommerzeit bei der Weide wol bei Leibe, doch eines besser als das ander.

Folget die Austeilung des Futters der Wagenross

Als des Morgends pflegen sie etliche vor zu trenken vor der Fütterung, etliche aber erst nach der Fütterung.

Des Morgends schüttet man ihnen drei Fütterlein (wie oben gesaget) für, eines nach dem andern. Wenn sie eines ausgessen haben, das ander und also das dritte, daß man sie auf einmal nicht überschüttet.

Als denn leget man inen Heu für und trenket sie darauf.

Also füttert man zu Mittag und auf den Abend.

So legen in auch etliche Steinsalz in die Krippen, davon die Roß lecken, oder streuen klein Salz hinein. Etliche werfen in klein Salz in das Trinken, kan nit schaden.

Zu merken:

Wann die Roß erhitzet und sehr dürstig, sol man sie nicht eilend trinken lassen, sondern sie aufhalten, auch die Gebiß oder Mundstücke nicht ausnehmen, sondern durch dieselben lassen trinken, so können sie sich nicht ubersauffen.

Es sollen sich aber die der Roß warten befleissigen, daß sie ihre Söden, Haber und Mengsel in den Södekammern und Mengetrögen oder Kasten reinlich halten, damit es nicht Ratten, Meuse oder ander Ungeziefer beschmeissen[153] oder sonsten verunreiniget werden.

Auch ist es gut, daß man die Roßställe am Boden, sonderlich aber, wo nicht mehr, doch die Stende, da die Roß stehen, mit eichen Bretern belege. Etliche aber lassen von grünen, jungen Erlen mit der Sege Pfölichen[154] oder Stöcklein schneiden und den Boden damit brücken[155] in den Stenden wie mit Steinen, darauf die Roß stehen, ist besser denn mit Steinen und gestehet[156] nicht so viel als mit Bretern oder Dielen.

Man sol auch die Streuen teglich morgens und abends aufreumen, das Nasse her-auswerfen und die Streue vorneuen, die Roß des Tags zweimal striegeln und rein-halten, denn wenn man sie mit der Streu und sonsten am Leibe so unrein lesset, kön-nen sie nicht wol gedeien.

Das ist allein von den Rossen, wie hie die Pauren dieselben ziehen und füttern.

Anlangende aber die Roß, so Herren und Junkern stette beim lautern Haber halten, damit wissen Reuter und gute Stallknechte umbzugehen.

[153] besudeln, beschmutzen.
[154] kleine Pfähle.
[155] dämmen.
[156] kosten, zu stehen kommen.

Schaffe

Die Lämmer, so zeitlich werden, sol man zur Trift in Winter schlagen, und je zeitlicher sie jung werden, je besser sie sich halten und wachsen, denn die späten, als umb Ostern oder darnach jung werden und bald in die Weide sollen gehen, auch wegen der Mücken und Fliegen können sie nicht gedeien, sondern die Spätling man gemeinlich im Suge schlachtet und zu Nutze machet, denn es wird, wo man sie ausgehen lesset, wenig Gutes aus.

Den jungen Lämmern aber, so essen sollen lernen, sol man aufs Lengeste, wenn sie drei Wochen alt sein, Haber in Kripplein, sonderlich darzu gemachet, wie die Schäffer wol wissen, vorstreuen. Darauf gibt einer mehr Haber als der ander, gemeinlich aber auf ein Hundert Lämmer zwo Metzen, etliche mehr, etliche weniger, darnach ein jeder wil oder vermögens oder auch vonnöten ist.

So sol man ihnen auch Laub, so im Herbst gehauen und gederret, wo man es haben kan, vorlegen, oder an desselben Statt reinbletterich Heu, so wol aufkommen.

Linsen seind ihnen sehr bequeme und dienstlich, ungedroschen sampt dem Futter vorzulegen, und wo man derselben hat, gibt man sie ihnen vor Haber.

Also füttert man die jungen Lämmer im Suge, bis sie abgesetzet und auf der Weide ihre Nahrung haben können.

Auf den guten Freitag pflegt man sie zu leichten[157], es were denn zu kalt, muß man sich nach Gelegenheit des Wetters richten.

Bis auf Georgii[158] oder auch bis auf Philippi Jacobi[159] nach Gelegenheit der Weide lesset man die Lämmer saugen, und wenn sie abgesetzet, muß man sie mit den gelden[160] Schaffen alleine hütten und im Stalle unterschieden halten, daß sie von Müttern abgewohnen.

Wenn man sie abgesetzet ungefehr umb Georgii oder Philippi Jacobi, fehet man an zu melken bis auf Crucis[161].

Von der Hüttung

Auf die Weide sol man mit den Schaffen nicht gar früe austreiben, sondern nach allen Hirten, wenn der Tau abgangen ist und wegen der Hitze auch vor und ehe, denn die andern Hirten eintreiben.

Mit der Hüttung der Schaffe muß ein Schäffer vorsichtig sein, damit er sie nicht in den Rohrsümpfen, brüchigen und nidrigen, nassen Orten hütte, denn sie gerne darnach auf den Winter sterben, sondern die hohe und truckene Ort zur Weide sein den Schaffen am bequemesten, sonderlich die Brochweide.

Mit den Schaffen treibet man aus, so lange man wegen des Schnees hinaus kan, auch oftmals den ganzen Winter, wenn ein blosser Winter ohne Schnee ist.

[157] castrieren.
[158] 23. April.
[159] 1. Mai.
[160] unfruchtbar, nicht tragend.
[161] 14. September.

Herbstzeit aber sol man mit den Schaffen, die man in Winter schlagen[162] wil, nicht in Stoppeln, sonderlich wo viel Weide ist, hütten, damit die Schaffe nicht zu fett in Winter kommen, denn wegen der Feiste tauren und stehen sie nicht lange.

Auch sol man sie nicht in Haberstoppel, wo der junge Haber von dem Ausgefallenen auswachsen, ehe treiben, bis daß ein- oder zweimal gefroren, alsdenn schadet es ihnen nicht.

Wo aber nidrige Ort und Bodem sein und die Schaffe darauf feiste werden, muß man die nicht lange zur Trift gehen und alt werden lassen, sondern auf das dritte Jahr verkauffen und die Jungen darfür gehen lassen oder andere von magern Triften an die Stelle kauffen.

Die ausgesetzten Schafe und Schepse[163] aber, so man nicht wintern wil, mag man, als bald man abgeerndt, in die Stoppel und allein in fette Weide treiben, damit sie zum Schlachten masten.

Wenn auch bar Gefröste ohne Schnee, kan man ohne Schaden die Schafe, so man wintert, auf der Saat hütten, und wenn sie Winterzeit ausgehen und darauf halbicht finden, darf man ihnen daheim nicht viel Futter geben.

Folget, wie man die Schafe wintert und füttert

Die Ställe sol man wol mit Rohr oder sonsten groben Rockenurschen[164] vorsetzen und vor der Kälte, sonderlich wenn die Schaffe lamben, von wegen der jungen Lämblein vorwaren.

Die Schaffställe sollen auch fein geraum[165] sein, denn wenn sie zu drange[166] stehen, drengen sie einander die Wolle abe und werden kaal.

Und wenn sie im Winter nicht können ausgehen, so füttert man sie des Tages zwei Mal, als des Morgends und Abends. Des Morgends leget man ihnen für ein rein Rokkenstroh, ist es fütterich[167], so ist es desto besser.

Etliche, so es vermögen, lassen das geringe Korn, so viel Trespen und Futter hat, nur vorschlagen[168] und legen die vorschlagen den Schaffen für. Ist ihnen sehr gut, sonderlich im Winter, wenn sie nicht ausgehen können.

Kleine Wurmgebünder von Rockenstroh seind ihnen auch gut, wenn man sie hat.

Schaffheu aber sol man legen, nicht grob Heu, auch nicht klein, sauer Heu, noch das auf Brüchigen und Lachen gestanden, sondern klein, bletterich Heu, das wol aufkommen, ist ihnen gut.

Wo Laub vorhanden, leget man inen das anstatt des Heues für oder Erbeßstroh im harten Winter.

Also füttert man auch auf den Abend.

Da aber die Schafe ausgehen und was draussen finden, darf man sie daheim gar nicht füttern, doch muß man sich richten nach dem sie draussen finden.

[162] überwintern.
[163] Hammel.
[164] Roggenabfallstroh.
[165] geräumig.
[166] eng.
[167] futterenthaltend, nahrhaft.
[168] vordreschen.
[157] castrieren.

Bis auf Matthiae[169] zum lengsten mag man sie auf der Saat hütten, wenn bar Gefröste.

Etliche aber stellen es ein auf Lichtmeß[170], etliche auf Matthiae, nach des Winter Gelegenheit.

Winterszeit, wenn die Schafe bei dem rauhen und truckenem Futter stehen, muß man sie teglich ein oder auch zweimal trinken lassen.

Sommer- und Herbstzeit aber, wenn sie Weiden essen, darf man ihn gar kein Trinken geben, es were denn grosse Dürre, so lesset man sie bißweilen trinken.

Mastung der Schafe

Die Scheps[171] oder Schafe, so man wil schlachten, sol man bei guter Weiden hütten lassen und so bald in das Rocken- und denn in die Haberstoppel treiben.

Etliche mesten sie auch daheime, mengen ihn kleine Söde mit Eichelmeel oder Gerstenoß oder mit Haber, werden sehr fett davon, etliche auch mit Kraut und Rüben, werden auch gut.

Was sonsten zun Schaftriften gehöret und was vor derselben Krankheiten dienet und wie man die Schaffe wol halten sol, sollen die guten Schäffer wissen.

Ziegen

Mit den Ziegen heltet man es allerdings gleichfalls wie mit den Schaffen, allein so köstliche und gut Futter darf man ihn nicht geben, und wo sie in das Gehölze Winterzeit ausgehen, darf man ihnen daheime nicht oder wenig geben.

Weil aber diß Viehe dem jungen Holze, Weiden und Bäumen sehr schedlich ist, helt man deren hier nicht. Sonsten ist der Milchspeise halben ein guter Nutz davon, geben oft drei Ziegen so viel Milch als eine Kuhe.

Gense

Die Ganßeier, so man wil zum Auskommen unterlegen, sol man von grossen Gensen nemen und dieselben in einer Söden warm halten, daß sie nicht gefrieren, biß man sie sol unterlegen.

Wenn die Gense nicht mehr Eier legen, sol man wol Acht haben, welche Gense vor wol gebrüttet haben. Die sol man aufsetzen, wenn sie ein rechten Brütt bekommen, denn eine brüttet besser und hecket mehr aus denn die ander.

Einer Ganß aber leget man mehr Eier unter als der andern, nachdem sie groß sein, etlicher vierzehen, etlicher sechszehen, etlicher achtzehen.

Und wenn man die Eier unterlegen wil, so pflegen sie etliche zuvor mit einer warmen Laugen fein sauber zu waschen und mit einem reinen Leinentuch abzutruckenen und legen sie also denn unter.

[169] 24. Februar.
[170] 2. Februar.
[171] Hammel.

Hier und in dieser Gegend setzet man die Gense, wenn sie brüten sollen, in die Stuben und lesset sie darinnen ausbrüten. Derhalben man sie auch gewehnet, daß sie in den Stuben die Eier legen. Geschicht darumb, daß man der Eier desto gewisser sei, sintemal sie sonsten in den Höfen und Ställen oftmals nicht gefunden werden können, oder vom Viehe zertretten, oder von Hunden gefressen, oder vom untreuen Gesinde verrücket werden. Und wo die Gense Eier legen, da brüten sie auch am liebsten.

An vielen Orten anderswo lesset man die Gense draussen Eier legen und setzet sie auch draussen ausser der Stuben auf die Eier. Aber man kan ihr nicht allewege so eigen warten als in Stuben, denn wenn sie Notdurft halben hinaus wollen, so decken sie die Eier zu und zeigen damit an, daß sie hinaus wollen. Da hebet man sie von den Eiern und lesset sie hinaus, und wenn sie wider kommen, decket man inen die Eier wider auf und setzet sie darauf, welches in Ställen oder andern Orten außer der Stuben nicht allewege geschehen kan, darumb sie auch in den Stuben gemeinlich mehr ausbringen, als in den Ställen und andern Orten ausser der Stuben.

Weil sie brütten, essen sie wenig, darumb man ihnen des Tages nur zweimal oder des meisten dreimal in einen Schirben[172] reinen Haber mit Wasser fürhelt, daraus sie essen und trinken.

Wenn sie etwa die halbe Zeit gebrüttet und die Eier besessen, sol man an der helle scheinenden Sonnen die Eier besehen, also daß man gegen der Sonnen auf die Spitze des Eis die Finger ohne den Daumen uberwerts lege und gleich einen Schatten mache, wird man bald sehen, welche Eier rühricht und verdorben, und welche recht besessen. So kan man die bösen bald weg tun.

Gute Brüterin, so heissen Brutt haben, bringen die Jungen aus in der fünften Wochen, wo nicht ein Tag ehe. Die aber, so guten Brutt nicht haben, müssen wol ganzer fünf Wochen sitzen.

Je ehe man aber die Gense setzen kan, je besser es ist, denn die zeitlich auskommen, haben allzeit im Wachsen ein groß Vorteil.

Und spät sol man die Gense nicht setzen, denn die umb Georgii[173] oder bald darnach umb Philippi Jacobi[174] nicht auskommen, die sterben gemeinlich dahin.

Folget, wie man der jungen Genselein warten sol

Wenn sie auskriechen, muß man Achtung auf sie geben, daß sie nit in der Schalen ersticken, man kan ihn was aushelfen, und daß man die Schalen von den ausgekrochenen aus den Nesten hinweg tue.

Bis sie alle aus den Schalen kommen sein, ist nicht vonnöten, den jungen Genselein Essen oder Trinken zu geben, sondern man lesset sie in den Nesten bei den alten Gensen wol abtrucknen. Alsdenn aber setzet man sie aus etc.

Man seudet[175] ihn erstlich zwei oder drei Tage Eier harte, hacket die sampt den Totter gar klein und menget ihn ein wenig Weizenklein darunter, davon sie lernen essen. Auch woferne Rasen grün sein, grebet oder sticht man ein Stücke mit sampt der

172 Scherben, Schälchen.
173 23. April.
174 1. Mai.
175 sieden.

Erden abe und lege es ihnen für in die Stuben, daß sie daran rupfen und weiden lernen. Jedoch muß man ihn allezeit in einem Tröglein Wasser dabei vorsetzen.

Und diß geschicht in Stuben, so lange kalt Wetter ist. Wenn es aber etwa warm wird, daß sie außerhalb der Stuben sein können, treibet man sie auf die grüne Aue oder Weide sampt den Alten, und wo sie sonst nicht Wasser haben, muß man es inen in einem Tröglein fürsetzen.

Weil sie noch jung sein, hacket man ihn junge Nessel, mit Weizenkleien gemenget, und wenn die Gerste grün ist, schneidet man Gerstensaat abe und streuet ihnen die für, ist ihnen bequeme und gut, doch daß allzeit Wasser dabei sei. Also muß man sie nehren, bis sie sich draussen auf der Brochweide selber erhalten können, und daß sie allezeit Wasser bei der Weide haben.

Doch wer so viel darauf wagen wil, ist es gut, daß man ihnen des Morgens, wenn sie ausgehen, und auf den Abend, wenn sie heim kommen, allewege etwas vorstreue, sonderlich ein wenig Gerstenoß[176], wenn sie ein wenig erwachsen sein, mit Wasser gefeuchtet und vorgestreuet, wachsen wol davon.

Man sol die jungen Genselein nicht früe hinaus treiben, weil der Tau noch nicht abgangen, sondern wol auf den Tag, bis die Sonne den Tau abgelecket hat, inne halten.

Auch pflegen etliche des Morgens, ehe sie die austreiben lassen, einem jeden ein wenig Salz mit wenig Aschen gemenget, ins Maul zu geben. Kan nicht böse sein, wer so viel Weil darzu wil nemen.

Wenn sie aber beginnen zu kielen[177] oder in den Flügeln Federn gewinnnen, sol man ihnen Haber vorstreuen, so starken sie wol davon.

Die alten Gense beruft man oder nimpt ihn die Federn, so ofte sie bewachsen.

Die Federn unter den Flügeln muß man ihnen nicht allzu hoch hinauf wegreuffen, denn sonsten hengen sie die Flügel.

Auch auswerts, weil es noch kalt, und im Herbst, wenn es kalt, muß man sie nicht allzu kaal bereuffen, sondern sich nach dem Wetter richten.

Den alten Gensen darf man weder im Sommer noch Herbst etwas geben, sondern, sobald es ein wenig grüne wird, erhalten sie sich auf der Weide.

Fütterung der Gense im Winter

Allerlei grobe Spreuen, es sei vom Hirse, Weizen, Haber oder Knotenspreuen[178], feuchtet man mit ein wenig Wasser und mengens mit Kleien oder sonsten Oß[179] und gibts ihnen also abends und morgens.

Die es zu tun, streuen auch ein wenig Haber darunter, etliche den geringsten Hirsen.

Etliche geben ihnen ein wenig Korn, davon sie zeitlich Eier legen sollen, aber ist nicht gut, wenn man ihnen zu viel gibt oder sonsten zu fett helt, denn die Eier werden fett davon und kommen nicht wol aus.

Die jungen Gänse, so man wil uber Winter gehen lassen, mag man Herbstzeit be-

---

[176] Gerstenschrot.
[177] Federkiele bekommen.
[178] Flachsspreu.
[179] Schrot.

reuffen, aber die man nicht wil uber Winter gehen lassen, sondern in die Mastung setzen, die sol man nicht bereuffen.

Folget die Mastung der Gense

Wenn man die Gense zur Mastung einsetzen wil, sol man ihnen zuvor die fetten Federchen, so auf den Pürtzel oder Steusse[180] hinden stehen, ausreuffen.

Die gemeine Mastung ist mit Haber.

Etliche derren den Haber und schütten ihn trucken vor und geben ihn Trinken darauf.

Andere aber streuen ihn für ins Wasser, das sie zugleich mit essen und trinken. Auch pflegen etliche groben Sand unterzumengen.

Der alte Haber ist ihnen zur Mastung allezeit besser denn neuer Haber.

Mit Eichelmeel oder Gerstenoß ist auch ein Mastung, gleich wie man den Hünern tut, allein, daß diese Mastung mehr kostet denn mit Haber.

Die Juden zu Crackau hatten eine Mastung mit Keulchen von Gersten- oder Weizenmeel, damit mesteten sie uberaus fette Gense.

Arme Leute mesten auch mit geringem Hirse, etliche mit Rüben, ist aber ein geringe Mastung.

Enten

Die heltet und füttert man Winterzeit mit Trebern am bequemesten. Wo man deren nicht hat, so füttert und mestet man sie wie die Gense.

Sie legen wol viel Eier, fahen an umb Mitfasten ungefehr und legen alle Tage Eier, bis der Weizen verblühet, aber fressen und stehen viel und sind ubel zu halten, wo nicht Wasser ist. Auch wo in Wassern Fische, tuen sie Schaden.

Hüner

Wie man mit den Gensen pfleget, also leget man auch von grossen Hünern und grosse Eier zum Auskommen unter. Wenn die Hüner rechten und guten Brütt haben, mögen wol ausser der Stuben aushecken. Es ist nicht sonderlich daran gelegen, wo sie sitzen. Es machets ein jeder seines Gefallens damit.

Was feine, grosse Hüner sein, denen darf man wol vier und zwanzig, auch mehr Eier unterlegen. Müssen drei Wochen brüten, ehe die Hünlein ausgehen.

Wenn sie nun entspönen[181], macht man es mit inen wie mit den jungen Genselein, wenn sie auskriechen.

Anfenglichen aber gibet man ihnen gestampten Hirsen oder gar kleine Heidegraupen[182]. Bis daß sie was starken und die Gersten, kleine und darnach grobe Gerstengraupe heben können. Ist es kalt, so helt man sie in Stuben, ist es aber warm, so lesset

[180] Steiß, Schwanz.
[181] eigentlich entspenen = entwöhnen, hier auskriechen.
[182] Buchweizengrütze.

man sie hinaus in die Sonnen, und an der Sonnen wachsen und gedeihen sie allezeit besser denn in den Stuben.

Wenn sie auch erwachsen, wirfet man ihnen Afterweizen für, wachsen wol davon.

Sommerzeit darf man den alten Hünern gar nichts geben, denn sie erhalten sich von der Weide, Würmlein und was sie sonsten finden und auflesen.

Allein im Winter muß man ihn des Tages einmal geben, entweder Haber, Gersten ist ihn aber besser, legen ehe und mehr Eier davon. Korn ist ihnen nicht bequeme.

Die Hane sol man im Herbst nach verruceten Hundestagen umb Bartholomei[184] ungefehr kappen[183] lassen und denn in einem sonderen Orte innehalten und ihn gütlich tun achte Tage oder was es ist, damit sie verheilen. Denn mag man sie wider ausgehen lassen.

Mastung der Hüner

Gerstenoß ist gemein. Aber wer so viel darauf wagen wil, mag man ihnen ganzen Weizen vorstreuen lassen und das Trinken auch sonderlich geben. Wenn sie im Korbe inne gehalten werden und Ruhe haben, werden sie sehr fett davon.

Tauben

Wenn man in ein Gebeude Tauben gewehnen wil, muß man sie nicht im Dorfe oder in der Nahend nemen, denn die bleiben nicht gerne, sondern von weit uber eine Meile und je weiter, je besser, und sie einen Monat versperret halten und ihnen Essen vorstreuen lassen. Darnach mag man sie wol ausfliegen lassen.

Doch muß man sehen, daß ein jeder Par Ehegattung sein und zusammen gehören, wie sie vor beieinander gewesen, denn sonst gatten sie sich nicht allewege und fliegen leichtlich weg und suchen ihren[185] Gatten. Und wo sie ihre Gattung finden, da bleiben sie.

Die jungen Tauben, so im Merzen und April auskommen, sol man lassen ausfliegen, denn sie sind die besten und geschwindesten im Fliegen, denn die sonsten Sommerzeit oder im Herbst ausfliegen, werden leichtlich vom Stoßvogel erhaschet.

Sommerzeit finden sie zu Felde ire Nahrung, darf inen nichts geben, auch Winterzeit nichts, wenn ein barer Winter, da es nicht viel Schnee hat, denn da lesen sie im Felde Steinlein und von den Stauden im Felde Körnlein, und was ist, und finden auch in Höfen, im Mist und umb die Scheunen.

Aber wenn sehr kalt Wetter und viel Schnee, muß man ihnen auf die Söller vorstreuen von Haber, Trespen oder After[186].

Die Taubensöller, Nester und Körbe sol man nicht ofte ausreumen oder sauber halten, denn sie nisten nicht gerne darinnen, sondern des Jahres nur einmal, als

---

[183] zu Kapaunen machen, beschneiden.
[184] 24. August.
[185] Vorlage: ihnen.
[186] Hinterkorn.

ungefehr umb Petri Stuelfeier[187] reumt man die Söller und Körbe von dem Taubenmist.

Etliche begiessen die geklebeten oder leimichten Keffer[188] oder Giebelfenster mit Salzwasser, denn die Tauben sollen gerne daran nach dem Salze klicken und allda gerne nisten und wohnen.

Etliche nemen ein wolgebrandten Lehm, stossen oder stampfen den klein und giessen Heringlaken oder Salzwasser hienein und machen ihn wie ein Teig, lassen ihn ein wenig trucken. Davon klicken und essen die Tauben gerne.

Ende des andern Teils

Candido et benigno lectori!

Gunstiger, freundlicher, lieber Leser: dieses gegenwertige Büchlein wollest du jetziger Zeit anders nicht anschauen oder annemen als ein Elementar-[189] oder Abc-Büchlein der Landwirtschaft. Als ich es erstlich geschrieben, habe ich mir nichts wenigers treumen lassen, denn daß es gedrucket werden solte. Wie auch und warumb ichs geschrieben, hastu aus der Vorrede zu vernemen. Daß es aber nu an Druck kömmet, darzu bringen mich mehr anderer Leute treuherzige Anreizung, als daß ich mirs erstlich im Ernst solte fürgenommen haben. Weil es denn je nu sein sol, so sei es im Namen Gottes. Ich bitte dich, du wollest's mit solcher Hand nemen, als ichs dir uberreiche, und es nicht höher, auch nicht geringer achten, als ich selbst halte. Ich und andere haben vor für langer Zeit gewünscht, daß etwas dergleichen möchte herfür und an den Tag kommen.

Denn ob schon viel Bücher dieser Art in allerlei Sprachen ausgangen, so sind doch die meisten oder das meiste darinnen, wie man saget, neque coeli nostri, neque soli nostri. In diesem Büchlein aber weise ich, was nach unser Landart gehalten wird und gehalten werden sol. Es ist nur eine geringe Entwerfung, jedoch, wie mich dünket, nicht gar zu verachten. Werde ich mit dieser geringen Schrift jemand aufwecken, der dieses Argumentum ausführlicher und mechtiglicher an Tag geben wird, wil ich mich bedünken lassen, ich habe sehr viel ausgericht. Wie ich auch bitte alle die, so es tun können, sie wollen sich was unterstehen, dem gemeinen Vaterland zu Ehren und zu Nutz. Ich für mein Person wil gleichwol auch nicht unterwegen lassen, verleihet mir Gott das Leben, diß Werklein nicht allein zu mehren, sondern auch zu bessern, sonderlich da mir hülfliche Hand gereicht und ich von guten Leuten erinnert würde, was zu endern, zu mindern, zu mehren und zu bessern sei. Wie ich denn gar fleissig und treulich bitte, man wolle hierinnen mir und vielmehr dem gemeinen Werk zuspringen. Wie gesaget, fristet mir Gott mein Leben, wil ich nicht allein mit der Zeit diß, was ich jetzt ausgehen lasse, hin und wider mit mehrern zurichten, sondern auch, was noch mangelt, als von Gärtnerei und dergleichen, darzu fügen.

Ich bin auch im Werk, allerlei observationes rusticorum von Witterungen, von abgeteileten allerlei Landarbeiten und vielen dergleichen mehrern Sachen in forma

---

[187] 22. Februar.
[188] Käfter, enges Gelass.
[189] Vorlage: Elemental.

aphoristica zusammenzulesen und in eine Ordnung zu bringen. Vielleicht kan auch etwas mehr noch herzukommen, das ich lieber zu seiner Zeit mit der Tat fürtragen als jetzt verheischen[190] wil. Zum Beschluß habe ich gleich auch nicht unterlassen wollen, ein kleinen Catalogum zu setzen allerlei appelationum, damit die Pauren in irer Grammatik pflegen ihre Instrument zu nennen. Und ist wol war, daß kein Drescher aufm Dorf so geringe, der sie nicht alle auswendig köndte, da sie doch dagegen den Allergelehrsten mehrenteils ofte solten Cauderwelsch gnugsam vorkommen, denn ein jeder Kunst, wie geringe sie auch ist, hat ihre vocabula technologica. Nim also vorlieb und sei hiemit Gott befohlen, günstiger, freundlicher, lieber Leser.

Folgen die Namen von der Paurn Werkzeug und Hausrat.

Das Werkzeug, damit man den Acker brochet, wendet, stürzet und aarnet, wird genandt sampt seinen Teilen, was darzu gehöret, ein Pflug.

Seine Teile sind und werden genandt, wie folget:

Unten das grosse Eisen, daran der hölzerne Pflug geschlagen wird, darfür man ein halben Taler zahlen muß und darauf das Pflugschar geleget wird, nennet man den eisern Pflug.

Diesen eisern Pflug beleget man unten mit einer eisern Schiene, die nennet man die Solschien.

Und auf der Seiten, da das Erdreich anstreichet, beleget man den eisern Pflug mit einer Schiene, die nennet man die Seitschien.

In etlichen Orten, da es gar lose und leichte und Sandecker, brauchet man darzu nur ein Holz, dergleichen gemachet wie der eiserne Pflug.

Das Eisen, so man auf den eisern Pflug aufleget, nennet man das Schar.

Und die Haspe[191], so durch das Loch des Schars gehet, nennet man den Polzen.

Den breiten Nagel, den man durch den Polzen, der durch das Schar gehet, fürstösset, nennet man den Riegel.

Das Brett am Pfluge, daran sich die Ackerschollen legen und umbwerfen, nennet man das Strichbrett.

Auf diß Strichbrett, damit sichs nicht bald ablauffe, schleget man ein dünne Schieneisen, die nennet man die Strichschien.

Das lengliche Holz, das unten durch den eisern Pflug gehet und oben durch den Grengel, nennet man die Griechseule.

Die zwei krumme Hölzer, so hinden hinaus gehen, daran der Ackerman die Hende leget und damit den Pflug führet und hebet, nennet man die Pflugsterzen.

Das lange Holz, das hinaus gehet wie am Wagen die Deichsel, und hinden durch die Sterze zur linken Hand gehet, daran die Löcher sein, nennet man den Grengel.

Das große Krumeisen an dem Grengel uber der Schar, damit man den Acker zerschneidet, nennet man das Serch.

Die kurze, eiserne Ketten, so man an den Grengel leget und forne durch das Pfluggestellichen stösset, nennet man die Grengelwiedte.

[190] verheißen.
[191] eigentlich Türangel, hakenförmig geschmiedetes Eisenstück.

An etlichen Orten, da es gar leichte Ecker, brauchet man darzu nur geflochtene, starke weidene oder eichene Wiedten. Wenn man seichte arbeiten wil, so zeuchet man das Pfluggestellichen hinder sich und stößet die Grengelwiedte eines Loches weit oder zwei Loch, so viel vonnöten, am Grengel hinder sich zurücke.

Wil man aber mit dem Pfluge tieffer hinein arbeiten, so muß man die Grengelwiedte eines Loches oder zwei weiter mit dem Gestellichen vor sich hinaus lauffen.

Und den Nagel, den man vor die Grengelwiedte am Grengel in die Löcher fürstecket, darnach man seichte oder tieff arbeiten wil, nennet man den Stössel.

Ein breit Eisen an ein Stecken geschlagen, damit man die Erde vom Pfluge und Strichbrete abscharrt, nennet man die Reutte.

Der Pfluggrengel ligt forne auf den Pflugachseln.

Auf die Achseln kömmet ein Stecklein, alsdenn nennet man es sampt den Achseln ein Pfluggestellichen.

Durch das Gestellichen gehet ein zwiseligt[192] und lenglicht Holz, das nennet man Pflugweter.

An dem Pflugweter ist forne die Pflugwage[193], daran man die Stellstrenge an den Hinderpferden leget.

Mehr leget man an das Pflugweter ein Stücke Kette mit einem langen Seil, nur ein klein weiden oder eichen zehe Stenglein, das nennet man die Mittelzucht.

An dieser sind nur die Förderwagen, daran man die Förderpferde mit den Sielstrengen leget oder anspannet. Diese Stücke gehören zum Pfluge.

Das Paur Instrument oder Werkzeug, damit man den Acker ruret, das ist, querüber fehret oder querüber zerreisset, davon oben bei der Ackerarbeit Meldung geschehen, nennet man ein Rurhocken oder Radlitz.

Seine Teil sind und werden genandt als folget:

Unten ist ein lenglicht Holz wie ein Klötzlein, das auf der Erden kreucht, das nennet man das Haupt.

Darauf wird ein Grengel, wie am Pfluge, gefasset, hinden mit einem Holz, das nennet man die Hinderseule.

Durch dieselbe Hinderseule gehet querdurch ein hölzern Nagel, den nennet man die Spille.

An diese Spille seind auf beiden Seiten lenglichte Hölzer nach der Lenge ein wenig hinden auswerts empor und unten an das Radlitzhaupt angenagelt. Diese Hölzer an beiden Seiten nennet man die Ohren.

Das ander Seulichen am Heupte emporwerts und oben durch den Grengel nennet man, wie am Pfluge, die Griechseul.

Oben auf den Grengel an die Griechseule, die durch den Grengel gehet, sein von beiden Seiten zwei lenglichte Hölzer angefasset, die zu öberst hinden ausgehen, daran der Ackerman die Hende legt und die Radlitz führet. Diese Hölzer, gleich als Handhaben, nennet man wie im Pfluge Sterzen.

Forne auf das Haupt leget und verriegelt oder verkeilet man ein breit Eisen, das in die Erde gehet und die Querforchen machet, das nennet man ein Hockenschaar.

Wo zehe oder rasichte, bewachsen Ecker sein, stecket und verkeilet man wie am

---

[192] gabelförmig.
[193] Wage, nd Wacht, Querbalken, an dem die Zugstränge befestigt sind.

Pfluge oben durch den Grengel ein Serchfar, das vor dem Hackenschar hergehet und die Erde zerschneidet. Diß krümlichte, starke Eisen nennet man auch wie am Pfluge ein Sech.

Das lange Holz mit den Löchern, das auf dem Gestellichen forne liget, nennet man wie am Pfluge den Grengel. Andere Sachen mit der Grengelwiedte, Stössel mit den Achselgestellichen, Pflugweter, Wogen, Mittelzucht seind wie oben am Pfluge.

Das Instrument oder Pauerwerkzeug, damit man die Klösser zerreisset und den Acker gleich und schlecht machet, nennet man Egen.

Folget, was darzu gehöret:

4 Bälklin werden mit zwei hölzern Schienen durch die Bälklein an Orten oder Enden der Bälklein zusammengefasset wie ein Gegitter. Die Bälklein nennet man Egebalken. Die Schienen Egeschienen.

An einem jeden Bälklein sind sieben starke, eisern Nagel, wie sonst an einem Rechen, tut auf ein jede Egen achtundzwanzig Nagel, die nennet man Egezinken.

Darnach hat man ein lenglicht Holz, das an einem jeden Ort ein Loch hat, das leget man an ein Mittelzinken, der uber den Egebalken heraus gehet und sonderlich darzu gemacht ist, auf der Seiten an die zwo Egen, daß sie also beide zusammen gefasset werden, und diß Holz nennet man den Kloben.

Die eisern Nägel, daran man den Kloben leget, nennet man die Klobezinken.

An die Egen leget man einen Strang und bindet hienan an ein jede Ege ein einzele Woge, daran man die Sehlstrenge eines Rosses leget. Diese einzele Wogen nennen die Pauern Ortsch.

Vom Wagen und was dazu gehöret:

Wagen seind mancherlei als Gutschwagen[194], bedeckte Wagen, Fuhrwagen, Pauermarktwagen, Erndt- oder Heuwagen, gerundte Wagen etc.

Vom Pauerwagen.

Das lange Holz, so forne vor dem Wagen heraus gehet und denn daran die Wogen[195] geleget werden, nennet man die Deichsel.

Die Deichsel wird gefasset in zwei Hölzer auf jede Seiten, die stehen wie ein Scheer, die zwischen dem Runge steckt und Achseln hinaus gehet. Diese Zwiesel[196] nennet man die Scheer. Die Rinken[197], damit die Scheer und Deichsel gefasset sein, nennet man Deichselrinken.

Den eisern Nagel, daran man die Hinderwoge[198] leget, nennet man Wogennagel.

Den Nagel vor der Förderwoge[199] an der Deichsel nennet man den Vornagel.

Daran die Rade lauffen, nennet man Achsen.

Die Nagel, so man forne in die Achsen stecket für die Rade, damit die Rade nicht abgehen, nennet man den Lün.

Darauf auf die Achsen kömmet und wird angenagelt ein dicke, lenglicht Klotz, das nennet man den Rungestecken.

Wenn nu der Rungestock auf die Achsen gebunden ist, nennet man die Tragerinken.

---

[194] Kutschwagen.
[195] Wage, nd Wacht.
[196] Gabel.
[197] eigentlich Schnalle, Spange, hier Ring.
[198] Hinterwage, Hinterwacht.
[199] Vorderwage, Vorderwacht.

An Rungestecken sein auf beiden Seiten ausgehauen Löcher, darein steckt man die Rungen.

Das lange Holz, das durch das Förder- und Hindergestelle gehet, damit also der Förder- und Hinderwagen zusammen geschlossen oder gefasset wird, nennet man die Langwel.

Die Langwel gehet forne durch die Förderachsen und Rungestecken, dadurch stecket man ein Nagel, den nennet man den Schloßnagel.

Etliche brauchen ein Eisen, das ist in der Mitte empor gebogen und hat zwei Löcher, an einem jeden Ort ein Loch. Durch das eine stösset man den Schloßnagel, durch das ander die Langwel, daß man desto geschickter und leichter umbkehren und lenken kan. Das Eisen, sonderlich darzu gemacht, nennet man ein Scheler.

Ein Wagenrad unbeschlagen, wie es vom Wagener oder Rademacher kömpt, nennet man ein Scheibe.

Die Teil eines Rades sind und werden genandt, wie folget:

Das umb die Achse herumb leuffet, nennet man ein Nabe.

Den eisern Rinken, der in die Nabe geschlagen wird, damit er sich nicht ablauffe, nennet man die Büchse.

Die andern Rinken, damit die Nabe von außen beleget ist, nennet man die Naberinken.

Die grosse Rinken aber auf der Nabe, von beiden Seiten zu nahe ist den Speichen, nennet man die Speichrinken.

Die Rinken, damit die Nabe an die Achsen im Lauffen anstösset, nennet man Stößrinken.

Die Sprossen auf den Naben nennnet man Speichen.

Das runde und keulichte auf den Speichen herumb nennet man Filgen.

Die Filgen werden gemeiniglich mit Eisenschienen beleget, die nennet man Radeschienen.

Und die Nagel, damit sie angeschlagen werden, nennet man die Radenagel.

Wenn ein Rad auf den Filgen mit eisern Schienen nicht beschlagen ist, so nennet man es ein Puchen.

Das dicke Bret, das man auf den Markt- und Mistwagen oder sonsten pfleget unten zwischen die Rungen einzulegen, nennet man ein Unterloge.

Zum Mistführen braucht man auf den Seiten breite Breter, die nennet man Mistbreter.

Den Hacken, damit man den Mist auf dem Felde abschleget oder abzeuhet, nennet man ein Misthocken.

Wenn man etwan schwer laden wil, so brauchet man lange, gebogene Hölzer, die haben unten eisern Büegel, etliche auch nur Nagel, die stösset man forne an die Achse vor das Radt hinter den Lien, und oben fasset man es mit einer Wiedten oder Strange an die Runge, diß nennet man Leisten.

Die geflochtenen Wagenkörbe, so man auf die Wagen leget in die Leitern, nennet man Flechten.

Die Leitern, so man auf den Wagen legt, seind dreierlei.

Die kleinern nennet man Marktleitern.

Die grössern braucht man zu den geleusten Wagen. Die grösten mit den spitzigen Sprossen, so oben ausgehen wie die Spisse, nennet man Erndtleitern, item Heuleitern.

Wenn man in Abführung lang Hölzer ein Wagen ohne Unterlage, ohne Leitern, ohne Leusten etc. brauchet, so nennet man ein solchen Wagen ein gerunten Wagen.

Folgen die Namen ander Pauergezeug.

Das Rüstzeug, damit man die grossen Hölzer empor hebet, daß man die Wagen darunter stösset und also aufladen kan, ist erstlich ein stark ausgehöletes Holz, hat viel Löcher auf beiden Seiten neben der Höle gegeneinander uber, das nennet man die Lade.

Darnach ist besonderen ein starker eisern Hacken mit zweien starken Kettengliedern, an ein stark Holz gefasset, welchen Hacken man leget an die Ketten, damit man das Holz, das man laden wil, angefasset hat, und nennet diesen Hacken den Heber.

Die Fuhrleute und etliche Pauren haben ein sonderlich Zeug dazu gemacht, fast wie ein Schrauben, damit man die Wagen, wenn die versinken oder nicht auskönnen, oder andere schwere Last aufschrauben oder aufdrehen, und nennen es ein Winder.

Die, damit man rodet und das Erdreich aufhacket, nennet man ein Radehau.

Damit man aber schoret, nennet man ein Schorschaufel. Damit man grebet, ein Grabescheidt.

Damit man Heu auf- und abladet, hat nur zwen Zinken, heisset ein Heugabel.

Die ander Gabel, damit man den Mist auswirfet und breitet, haben drei Zinken, die nennet man Mistgabeln.

Die ganze hölzerne Gabel, damit man den Rossen die Streu machet, nennet man Streugabel.

Das gespröste[200] oder gegitterte Gezeug, damit man den Mist aus den Stellen treget, nennet man ein Trage. Its aber ein Redlin forne daran, so nennen sie es ein Radwer.

Ein groß, klüplicht[201] Holz brauchen sie zum Schlagen, wenn sie große Beume oder Hölzer spalten, zum Einschlagen und Treiben der eiserne Keile, und nennen diesen Klüppel, damit sie schlagen, ein Schlegel.

Damit man das Getreide ausklopfet oder drischet, nennet man ein Flegel.

Den Strohwisch, den sie an ein Rechen fassen und die Spreuen im Getreide mit aufkehren, nennen sie den Reiber.

Den Flederwisch an ein Holz gebunden, damit sie die Spreuen vom Getreide kehren, nennen sie den Abkehrer.

Die hölzerne Schaufel, damit sie das Getreide worfen, nennen sie ein Worfschaufel.

Den hölzern Reuter[202] mit kleinen hölzern Schienlein durchgezogen wie ein Gegitter, damit man das Getreide und allerlei Samen reutert und von Unkrautsamen rein machet, nennet man ein Sieb.

Das aber mit eisern Dreten gemacht ist, darauf man in ein hölzernen Kasten das Getreide schüttet und lest durch die eiserne Drete (durch einander geflochten) laufen, das nennet man ein Fege.

Die krummen eiserne Messer, das Gras und Getreide abhauen, nennen sie ein Sensen. Doch ist ein Unterscheid zwischen Grassensen und zwischen Habersensen.

Das eiserne Ambößlein und den Hammer, damit die Mäder ihre Sensen des Tages zweimal dünner schlagen (welches sie Tengeln nennen), heißet man einen Tengelzeug.

---

[200] mit Sprossen versehen.
[201] keulenförmig.
[202] zu rütteln, Rüttler.

Das kleine krumme Messer, so kleine Zeene hat, damit die Mägde Graß abschneiden, nennet man ein Graßsichel.

Damit man aber das Wintergetreide gemeinlich abschneidet, nennet man ein Schnittsichel.

Das Holz, damit man auf dem Felde die Garben und in der Scheune die Schütten zubindet, nennet man ein Knebel.

Das Gebund Getreide, ehe es gedroschen wird, nennet man ein Garbe.

Das Gebund Stroh, wenn das Getreide herausgedroschen wird, nennet man ein Schüten.

Das krumme, eiserne, breite Messer, damit man das Stroh schneidet und Hecksel oder Söde machet, nennet man ein Södeschneide.

Den hölzern Kasten, darein man das Stroh, so man schneiden wil, leget, nennet man ein Södelade.

Das ausgehölete hölzern Geschirr, darein die Mäder und Södeschneider ihre Wetzsteine bei sich tragen und haben, nennet man ein Kützen.

Ende.

Gedruckt zu Görlitz bei Ambrosio Fritsch.
Im Jahr MDLXXXX.

Inhalt

(von der Herausgeberin eingefügt)

Oeconomia

oder Notwendiger Unterricht und Anleitung, wie eine ganze Haushaltung am nützlichsten und besten (so fern Gottes Segen und Gedeien darbei) kan angestellet; item vom Ackerbau, wie derselbe bestellet und beschickt, ingleichen, wie die Schäffereien, Vorbergs- und andere Gütere[1] sollen ausgetan und verpachtet werden, auf Anordnung Churfürstens Augusts, christseliger Gedechtnüß, durch einen Vornehmen vom Adel auf die churfürstlichen Vorberge gestellet.[2]

Jetzo erstlich in Druck verordnet und männiglichen zum Besten an Tag gegeben durch

Casparum Jugelium Crimmicensen[3], Leipzig, Typis Grosianis

Anno MDCXVI.

Dieser Stück scheme dich keins: Wo viel Zugreifens, ist alles wol zu vorschließen: Was man ihnen muß unter die Hände geben, alles zehlen und abwegen: Alle Ausgabe und Einname anschreiben. Sirach Cap. 42, V. 7.

Dem edlen, gestrengen und ehrenfesten
Veit Joachim von Wiedebach auf Thum, Herolt und Trepach etc.
Meinen günstigen, lieben Junkern und mächtigen Förderern.

Edler, gestrenger und ehrenfester, günstiger, lieber Junker und mächtiger Förderer: Daß unser lieber Gott (wie im ersten Buch Moisis[4] zu lesen) beneben auferlegter Arbeit und Kummer des Menschen auch die Erde zweimal verflucht, einmal darumb, daß unsere erste Eltern im Paradiß sein göttlich Gebot ubertreten, zum andern, daß Cain seinen Bruder erschlagen, spüret solches noch heutzutage ein jeder frommer Hausvater, zuvoraus, der die Erde pflüget und arbeitet, denn er mus bekennen, daß der Erdboden, je lenger und mehr, unfruchtbarer werde, und daß es auch noch bis diese Stunde je

---

[1] dialektische Nebenform für Vorwerk. Dieses bedeutet: Hof im Vorgelände der Burg, der «Werke», im weiteren Sinne Landgut des Grundherrn, Domäne. Gemeint ist hier: Domänen- und andere Güter.

[2] Es folgt auf dem Titelblatt an dieser Stelle: «Darzu auch ein ausführlicher Unterricht, wie man die Maulwürfe aus den Gärten, Wiesen und Feldern leichtlichen und gänzlichen austilgen und los werden kan.» In der 2. Auflage (1617) ist noch eingefügt: «sampt den Abriß der Sperling- und anderer Vogel Fang.»

[3] aus Crimmitschau (Sachsen).

[4] Vorlage: Moysis.

mehr je mehr nach dem Ausspruch des Mundes Gottes gehet: Verflucht sei der Acker um deinetwillen; mit Kummer soltu dich drauf nehren dein Leben lang; Dorn und Disteln soll er dir tragen, und solt das Kraut auf dem Felde essen; im Schweiß deines Angesichts soltu dein Brodt essen, bis du wieder zu Erden werdest, davon du genommen bist.

Und weil Todschlag und andere Sünden sich täglich mehren, ist unleugbar, daß es nicht allein stetig mehr Mühe, Kummer und Arbeit im Felde habe, man arbeite, rode und hacke, wie man kan, sondern es hat auch uber das noch der Fluch Gottes immer den Nachdruck, und ist dessen kein Aufhören, daß es auch bei grosser Arbeit fast nirgends mehr fort wil, und erfehrets auch mancher mit seinem grossen Schaden, daß man viel aussehet[5] und wenig einerndet, und daß der Acker uber alle angewandte Arbeit Disteln und Dorn treget, und also wird Sünde, Arbeit, Kummer und Fluch miteinander geheuffet. Es kan aber dennoch durch embsiges, gottfürchtiges Gebet neben fleissiger Handarbeit solche Malediction und böser Fluch, wo nicht gar, doch teils weggenommen und gelindert werden, daß der Acker nicht eitel Distel und Dorn, sondern auch noch gut Getreide zu Brot trage; doch bleibet Arbeit also, daß auch S. Paulus sagt: Wer nicht arbeitet, sol auch nit essen, und wer da isset und nicht arbeitet, der unterzeucht sich Gottes Gebot und Straffe, fellet darbei in Krankheit und Sünde.

Zwar von der Gottesfurcht handeln der Theologen Bücher und die Prediger in der Kirchen; von der Arbeit und Feldbauhandel weltweiser Leute Schriften[6], unter welche mit guten Rechte dieses Tractätlein oder Oeconomia zu zehlen. Denn ob es schon kurz von Worten, dennoch fasset eine rechte[7] Bestallunge einer ganzen Haushaltung, so genau und richtig, daß sich ein verständiger Hausvater darüber verwundern müsse.

Es ist vor vielen Jahren auf gnädigstes Anbefehlen Churf. Augusti christseliger Gedechtnüs, S. Churf. Gnaden Vorberge zum Besten, von weiland dem edelen, gestrengen und ehrenfesten Abraham von Thumbshirn auf Frankenhausen, Ponitz, Kauffungen ect.

Weil aber solch Büchlein bishero von vielen vornehmen Leuten unsers Landes oft abgeschrieben und hoch gehalten, auch wol damit gedienet gewesen, weil es kurz und eigentlich auf unser Landart gestellet.

Es hat aber diesen Tractat auch wie sonsten manchen guten Buche gangen, daß es nemlich durch das vielfeltige Abschreiben so sehr verfelscht worden, daß oftermals ein Verstendiger nicht gewust, welches des Autoris eigentliche Meinung, weil viel Punct in contrarium sensum sein geendert worden. Über dieses so hat bald dieser, bald jener, etwas von seinen Gutdünken und orservationibus hinein geflicket, daß man nicht wol unter den nativis und spuriis Anweisungen unterscheiden können. Ja, es hat sich auch einer unterstanden, eine gute portionem von diesem Tractat unter seinem Namen zu publiciren, welchem ich seine laudes gebürlichen gelesen, wo ich nicht in Erfahrung kommen, daß er Todes verblichen[8]. Diesen Übeln oder incommoditen habe ich durch

---

[5] aussäet.

[6] Vorlage: schafften.

[7] Vorlage: richte.

[8] Diese Stelle könnte gegen die Vermutung sprechen, daß Coler der «Plagiator» sei. Aber der eigentliche Verfasser des Hausbuches ist Jacob Coler, der Vater des Johann, und er ist im Jahre 1612 gestorben.

Publicirung dieses Werk wenden[9] wollen. Denn erstlich, so sind aus etzlichen Original-Exemplarien, ja auch aus des seligen edelen Herrn Autoris autographe[10] alle Fehl und Mangel zum fleissigsten corrigirt und geendert worden[11]. Vors andere hat man nach selbigen Exemplarien die frembden additamenta[12] abgesondert und nur die Thumbshirnische Anweisung behalten; wo aber etwas von frembden Erinnnerungen blieben, ist dasselbe mit diesen Zeichen ( ) notirt und darin geschlossen worden[13]. Weil aber gedachte Zusetze nicht alle zu verwerfen, so wil ich künftig solche und andere mehr durch ein apendicem zu dieser Oeconomie gehörig, männiglich mit Verleihung göttlicher Gnaden communicirn[14]. Vors dritte, so wird auch den plagiariis[15], so ander ehrlichen Leuten Arbeit vor ihre ausgeben, hiermit gesteuret werden und den edelen, seligen H. von Thumbshirn sein Ruhm und gebürliche Arbeit erhalten. Und das sind wichtige Ursachen gnugsam, meins Bedünkens, zu dieses scripti Publicirung. Die vornemste causa publicationis aber ist diese, daß ich nemlich den gemeinen Nutze und bevoraus jungen Haushältern von Adel damit dienen wollen, denn[16] weil die mehrsten von Adel in ihrer Jugend nit zur Haushaltung, sondern entweder zum Studieren oder zum Kriegsachen gehalten, oder in frembde Länder, etwas zu erfahren, verschicket werden (welche Stücke alle löblich), so befindet es sich nachmals[17], daß dis Haushalten, wie gern sie auch wolten, ihnen nicht von Statten gehen wil.

Bevoraus fellet es jungen Haushaltern beschwerlich vor, wann sie sich bei andern Rats erholen, und einer also, der ander anders zurat[18] und zwar oftermals ohne einige Betrachtung der Landart und Gelegenheit der Güter, daraus manchen jungen von Adel Unheil und Schaden zu erwachsen pflegt. Diesen allen kan nunmehr durch dieses wolgeübten seligen Haushalters Instruction abegeholfen und geraten werden, darzu ich einen jeden Gottes Segen und Gedeien wünschen tue.

E. G. aber, edeler, gestrenger und ehrenfester, insonders großgünstiger Junker und Förderer, habe ich diesen tractatum oeconomicum[19] unterdienstlich zuschreiben und offeriren wollen, weil dieselbigen mich erstlich zur Haushaltung gewehnet und in Bestallung des Ackerbaus treulich unterwiesen[20], darfür habe ich mich gegen E. G. dankbar erzeigen und gleichsam das didactron pro institutione oeconomica hiemit zahlen wollen, ganz dienstlich bittende, sie wollen dieses als gut gemeint in besten vermerken und großgünstig von mir annehmen, auch gegen die edelen, gestrengen und ehrnfesten, die von Thumbshirn ect., diese meine Turst[21], daß ich mich ihrer Gestrengsten Erbgutes, nämlich dieser Oeconomia, angemaßet und durch offenen Druck publicirt habe, fleißig

---

[9] Vorlage: senden.
[10] Handschrift.
[11] werden.
[12] Zusätze.
[13] Diese Einklammerung ist offenbar keineswegs immer durchgeführt worden.
[14] In der Ausgabe von 1617 ist dies geschehen, jedoch sind die Zusätze jeweils an der zugehörigen Stelle eingefügt.
[15] Plagiatoren, Autoren, die geistigen Diebstahl begehen.
[16] Vorlage: dann.
[17] Vorlage: nochmals.
[18] zuratet.
[19] Landwirtschaftsschrift.
[20] Aus dieser und einigen Stellen der 2. Auflage geht hervor, daß Jugel als Verwalter der Wiedebachschen Güter sein Fachwissen erwarb.
[21] Kühnheit, Verwegenheit.

durch jetzo angezogene Ursachen entschuldigen. Tue mich E. G. freundlicher Intercession gegen die von Thumbshirn ect. getrösten und dieselbe sampt allen den Ihrigen mit herzlicher Glückwünschung eines glückseligen, freudenreichen neuen Jahres, göttlicher Protection befehlen.

Geben Naumburg, den 6. Januarii Anno 1616.

E. G.
unterdienstwilliger
Caspar Jugelius
Crimmicensis[22]

Weil die Haushaltung, nach Gottes Segen, vornemlich bestehet und beruhet auf vorsichtiger und fleißiger Bestellung eines jeden Dinges und bevoraus des Ackerbaus, denn es gehört zum orare auch das laborare[23], und müssen nunmehr wir, nach Gottes gerechten Gerichte, im Schweiß unsers Angesichts unser Brot suchen und erwerben, dahero denn die Haushaltung und vornemlich Ackerwerk «Peulwerk» und Bauersleute «arme Peuler»[24] genennet werden. Ist derwegen, nechst göttlicher Gnaden Segen, an erfahrnen, fleißigen und vorsichtigen Haushältern viel gelegen, inmaßen je und zu allen Zeiten verstendige Leute es dafür gehalten. PLINIUS schreibet, daß die Römer vorzeiten ein Gesetz gestellet, darinne den censoribus Macht und Freiheit gegeben würde, diejenigen scharf in die Straffe zu nehmen, so das Ackerwerk unfleißig trieben. Daraus leicht abzunehmen, wie groß den Alten der Feldbau angelegen gewest sei. Über dieses eben jetzo angezogener Autor, nach dem er das Ackerwerk hoch und sehr gelobt, und endlichen noch darzu beweisen wil, daß die Alten sonderlich Feldrecht gehabt, zeucht er Caii Furii Cresini Exempel an[25], welcher, nachdem er von einem kleinen Stücke Acker viel mehr Getreide als seine Feldnachbarn auf großen Feldern erbauet, beklaget worden, als zauberte er den Nachtbarn die Früchte abe und brächte sie durch Zauberei auf seinen Acker, welches draun eine beschwerliche und geferliche Bezüchtigung war. Darumb, als er derhalben von S. Albino vor Gericht erfordert ward und in Gefahr stunde, nam er auf den angestellten Gerichtstag alle sein Ackerzeug als Pflug, Egen, Hacken, Rechen etc., neben seiner Tochter, einer frischen, starken Madonnen, und ein Paar auserlesener Zugochsen vor Gericht, zeigete solche den Richtern und Volke und sprach: «Sehet, das ist mein Zauberwerk und mein Hexengetreibe, damit ich, nechst Gott, so leichtlich das Getreide auf meinen Acker bringe. Und ist mir leid, daß ich nicht gleichergestalt herfürbringen und euch zeigen kan meine vielfeltige Sorge, Mühe und Arbeit, so ich lange Zeit bei meinem Ackerbau angewand und noch täglich anwende, meinen Acker zu bessern und fruchtbar zu machen.» Auf dieses sein Vorbringen und Entschül-

[22] In der 2. Auflage (1617) fügt Jugel hier noch eine 2. Vorrede ein, in der er ausführt, daß er die Zusätze anderer Autoren nicht, wie er beabsichtigt habe, als gesonderten «Appendicem» veröffentlicht, sondern der Thumbshirnschen Schrift beigefügt habe, alles an seiner Stelle.

[23] beten und arbeiten.

[24] Peulwerk und arme Peuler sind sonst nicht bekannte Wörter, deren Etymologie dunkel ist. Auch in der Sammlung für das «Obersächsische Wörterbuch» sind sie nicht belegt, wie mir Herr Dr. Grosse, Leipzig, dem ich auch einige andere Auskünfte verdanke, freundlicherweise mitteilte.

[25] Plinius nat. hist. 18, 41–43.

digung ist er durch einhelligen Schluß der Gerichte von der Klage absolvirt und los gezehlet worden. Es hat auch männiglichen im Volk seinen Fleiß und Embsigkeit gerühmet.

Gehöret derwegen grosse Mühe und Fleiß beneben guter Vorsichtigkeit[26] zur Bestallung der Haushaltung und vornemlich des Ackerbaues, davon folgendes Bedenken wol in Acht zu nehmen.

Bestellung eines Vorbergs auf Rechnung

Zu dieser und aller ander Haushaltungsbestellung ist am allermeisten gelegen an einem getreuen, fleißigen, unvordrossenen und wohlerfahrenen oeconomo, der alle Sachen zu Recht anstelle, Fröner und Gesinde zur Arbeit halt, früe und spat aufsehe, das Gesinde und die Haushaltung in Befehl habe, von Einnahme und Ausgabe richtige und bestendige Rechnung halte und zu guter Nachrichtung und steter Erinnerung seine Bestallung ordentlich vorfasse.

Weil man aber nach Gelegenheit der Zeit und Witterung sich richten muß und allezeit mit guter Bedacht gehandelt sein wil, so muß ein jeglicher Hauswirt sein judicium neben diesen observationibus haben, und do also Fleiß vorgewendet und denen Dingen recht treulich nachgegangen, wird die Haushaltung zumal desto nutzbarlicher sein.

Vorpachtung

Darbei ist dieses zu bedenken und gibts die Erfahrung, daß durch unfleißige, unachtsame Haushälter und Pachtleute nicht alleine die Pachtgelder hinderstellig vorbleiben, die Äcker ausgesogen oder ubel gearbeitet, verwüstet, und darnach in vielen Jahren sich nicht wieder erholen und zu rechtem Nutz gebracht werden könen. Sondern auch die Vorstender[27] neben ihnen in Beschwerung, Schäden und Nachteil ihrer Nahrung, auch wohl in eußerstes Verderben geraten, daraus denn Klagen und Sagen, zuförderst aber Abgang des Pachtgeldes und wegen der Verwüstung neue Unkosten und langwerender Schade, oder viel Jahr die Nützung zu entperen erfolget.

Und ist daran nicht alleine gelegen, daß die Güter hoch vorpachtet, angenommen und wohl vervorständet[28] werden, sondern vielmehr, daß vor angezogener Verwüstung, Schäden, ausstehender Nützung, und daß die Güter vorächtlich gemacht, in Gebeuden abgesessen, und niemands sich hernach einlasse, wol zu bedenken. Derowegen guten Hauswirten, die ihre Nahrung gebessert und nicht vorschwendet haben wollen, aus Not oblieget, auf alle Vorschläge, ehe sie sich einlassen oder der Pacht geschlossen, fleißige Nachforschung in angedeuten Puncten zu halten, und wo Unrichtigkeit befunden, in Zeiten Einsehen vorgewendet und nicht also gar auf den Vorstand[29] gesehen werden muß.

[26] Voraussicht.
[27] Leiter, Verwalter, hier Bürge. Die Pächter müssen einen Vorstand, d. i. einen Bürgen, stellen zur Sicherstellung der Pachtgelder.
[28] durch die Kaution des Bürgen gesichert.
[29] Kaution.

Drei unterschiedliche Vorschläge,
die Viehverpachtung auf den Vorbergen belangende

1. Von einer Kuhe zweene Taler und vier Kelber abzusetzen, dargegen der Pacht-man allen Gesinde lohnen und dasselbige beköstigen solle. Es wird ihm aber neben der Sommerhut[30] und Strohfütterung ein gewisser Wiesewachs zur Gräserei, auch Kraut-land und Kretzbeete[31], alles auf seine Unkosten zu beschicken, eingereumet und 20 Schock Reisholz ohne Bezahlung gefolget.

2. Von einer Kuh 6 fl.[31a] und vier Kelber abzusetzen, dargegen ihme neben Hütung, Geströde[32], etlicher Wiesewachs zur Gräserei und Winterfütterung, auch Krautland und Kretzbeete eingereumet. Item 20 Schock Reisholz ohne Bezahlung, auch 20 fl. vor sich, sein Weib und Gesinde zu Lohn und 20 Scheffel Korn, einen halben Scheffel Weizen, einen halben Scheffel Erbeis[33], einen halben Scheffel Gersten zu Graupen gegeben wer-den, doch daß er Voigtsstelle mit versorge, dargegen ihme auch der Drusch auf einer Tenne gegönnet werden sol.

3. Dreisig Groschen von einer Kuhe, darauf ihm allein neben der freien Wohnung die Hütung und Strofütterung gefolget wird, er aber allen Gesinde sol selbst lohnen, die beköstigen, allen Wiesewachs selbst mieten, das Holz bezahlen und gegen Ein-reumung des Krautlandes und Kretzbete, welches auf seinen Unkosten beschickt wer-den sol, er alle Jahr vier Kälber absetzen und die 3. Jahr uberziehen muß.

Allhie wird betrachtet die Form und Weis oder Art der Verpachtung, nicht der Wert, welcher an unterschiedenen Orten und zu anderer Zeit anders ist, steiget und fellet. Es ist aber der Wert allhie gelassen worden, wie er zur Lebzeit Churfürst Augusten seliger Gedechtnüs umb das Jahr tausend fünfhundert und siebenzig gewesen, auf daß man die Verenderung, die unterdessen geschehen, betrachten möge.

Vorzeichnus eines Schäfferei Pachts von 1000 Schaffnösern[34],
ohne des Schäffers fünften Teil

Dem Pachtschäfer wird auf 1000 Schaffnösere und 20 melkende Kühe jährlich geliefert und gegeben:

45 Schöffel[35] Korn	Zur Haushaltung und Beköstigung der Schafknechte
1 Schöffel Weizen	und alles Gesindes zur Viehzucht, auch Speisung der
1 Schöffel Erbeis[36]	Schafscherer an Zwickisken Maß

---

[30] das Behüten der Brachfelder und des Unlands.
[31] Gemüsebeete im Gegensatz zum Krautland, auf dem im Felde Kohl und Rüben angebaut wurden.
[31a] 1 fl = 1 Gulden = 24 Schillinge.
[32] Stroh.
[33] Erbsen.
[34] Schafvieh (mhd noz st.n. = Vieh, Nutzvieh).
[35] Scheffel, ein Hohlmaß von örtlich verschiedenem Inhalt. Der Dresdner Scheffel faßte etwa 103,8 Liter.
[36] Erbsen.

1 Schöffel Gersten

12 Schöffel Hafer vor die Hunde

3½ Schöffel geringe Korn   in der Fasten zu Brot

2½ Schöffel Wicken   wenn die Lämmer fressen lernen

10 Klaftern Scheite   So der Schäfer, wennn man nicht Fröne hat, zu sich

50 Schock Reisholz   schaffen und führen lassen muß.

Sechs seine eigene Kühe werden dem Schäfer in Futter frei gehalten.

Zur Winterfütterung des Schafviehes, der verpachten 20 und seiner 6 eigenen Kühe Gräserei.

30 Acker[37] guten Wiesewachs vors Schafviehe.

7 Acker vor die 26 Kühe und dann Gersten-, Erbeis- und andere Strohfütterung neben der Sommerhut und Triefft.

Und muß der Schäffer, wo man die Frohne nit hat, das Gras selbst auf seinen Unkosten dürre machen und einführen lassen.

Nota

Man pfleget auch auf 1000 Schafnösere in gemein neben der Gerst und Erbeis Strohfütterung 8 Frohnfüderlein[37a] Hau, auch wol an kalten Orten, do es zeitlich zu schneien anfehet und der Schnee lang lieget, 10 Fronfüderlein Hau zur Winterung[38] zurechnen.

Von solchen allen muß der Pachtschäfer zu Schied- und Pachtgelde geben:

500 fl. von den 1000 Schafnösern, als von jedem 100 50 fl. auf zweene Termin.

40 fl. von den vorpachteten 20 Kühen, als von jeder Kuhe 2 fl.

Alle Gefahr muß der Schäfer mit dem Viehe tragen, do etwas mangelt oder Feuerschaden durch seine Verwahrlosung ergienge, dafür haften und dasselbe alles, so wol das Pachtgeld gnugsam vorbürgen, auch alles Gesinde selbst lohnen.

Item 12 gute Hemmel und 4 Lemmerlein[39], die Kühe, wenn man die bedarf und haben wil.

Item 10 oder 8 Schock guter Schafkese.

Der Pfirch und Mistung bleibet dem Pachtherren zum Besten, mit welchen sich dann der Schäfer, wie es ihnen geheißen und befohlen wird, mit fleißigen Einstreuen[40] und täglicher Fortschlagung der Hürden vorhalten muß, und an ihme nichts erwinden[41] lassen, damit die Felder so viel müglichen gemistet, gedünget und gepfircht und in steter Besserung erhalten werden.

Es seind aber auch sonsten der Landart und Örter Gelegenheit nach mit den Schä-

---

[37] Ein Flächenmaß von etwa 55,34 Ar.

[37a] die Wagenladung eines zweispännigen Leiterwagens, der etwa 5-6 Zentner Heu faßte. Ein Fronfüderlein ist nur so weit beladen, wie die Leitern fassen, nicht gehäuft.

[38] Vorlage: Witterung.

[39] Vorlage: Lemmerin.

[40] Vorlage: einstrehen.

[41] aufhören, ablassen von.

fern mancherlei Verträge, und muß man auf die Schäfer wegen ihres vielfeltigen Betruges zum allerfleissigsten Achtung gegeben.

Ins 100 Wehrvieh[42] gehören:

30 alte Schafe,

12 Zeitschafe[43],

18 alte Hemmel,

7 Zeithemmel,

13 Kelber Lemmer,

12 Hemmel Lemmer.

Den Ackerbau umb die Helfte auszutun und arbeiten zu lassen

Es ist an vielen Orten breuchlichen, wird auch zuträglich und nützlich gehalten, den Ackerbau umb die Helfte auszutun, beseen und arbeiten zu lassen, also, wenn die Felder erstlichen beseet ubergeben werden, daß die der Annehmer dergestalt wieder abtreten muß und was von Jahren zu Jahren erwechst, davon wird zum Ersten der Same zugleich genommen, die Ubermaß an Körnern geteilet; es wird aber dermassen am bequembsten angestalt, daß einem halben Manne[44] zum Besten nachgelassen, die Frohndienste zum Forberge gehörig zu gebrauchen, dargegen das Frohngeld von ihme entrichtet werden muß.

Die Viehezucht und Schäffereien werden gemeiniglich den halben Leuten umb ein gewiß Gelt verpachtet, es muß aber mit den Leuten des eingeerndten, ausgeseeten und wöchentlichen ausgedroschenen Getreidichs[45] Kerbhölzer[46] und Gegenregister gehalten, auch darauf gesehen werden, daß recht mit aller Bestellung umbgegangen, die Felder zurecht wol gearbeitet, beseet, beschicket, pfleglich gebrauchet und nicht ausgesömmert werden, und do hierinnen Ungleichheit und Unfleiß befunden, daß alsbalde Einsehen vorgewand, damit die Acker nicht in Verwüstung gebracht und Schäden erfolgen, sondern denselben vorgekommen werde.

Was nun einen halben Man inventariensweise eingeantwortet wird, muß er zur Zeit des Abtretens wiederumb zu ersetzen Vorstand[47] machen, die Forbergsgebeude aber werden in baulichen Wesen erhalten, ohne der halben Leute Aufwendung, doch daß sie die Führen darzu tun, und am welchen Orte Schabedächer[48], die Halbleute solche Dachung erhalten müssen, wie dann dieses und anders die aufgerichteten Conträct geben und mit sich bringen.

[42] Vieh der Hofwehr.

[43] Schafe von 2–3 Jahren.

[44] Halbpächter.

[45] Getreide.

[46] Das Kerbholz war vor der schriftlichen Rechnungslegung das wichtigste Mittel, Lieferungen oder Leistungen aufzuzeichnen. Es besteht aus 2 Teilen, dem Stock und dem Einsatz; die Kerben wurden quer durch beide Teile eingeschnitten. Jeder Vertragspartner bewahrte seinen Teil auf, so war eine nachträgliche Änderung nicht möglich, denn die Kerben mußten beim Ineinanderfügen der Hölzer zusammen passen.

[47] Vertrag, Kaution.

[48] Strohdächer. Schäbe nennt man die Strohbunde zum Dachdecken.

Vorerbunge

Einzelne und weit entlegene Stück Güter zu vorerben[49], Geld, Getreidig, Zins und Frohn darauf zu schlagen, Lehngut und Trift doruffen vorzubehalten, ist oftmals auch nicht unratsam, doch muß gute Achtung gegeben werden, daß es wolbesessenen Leuten, zum andern ihren bezahlten und wolgehaltenen Gütern, die zuvor mit vielen Frohnen und Zinsen nicht beladen, gelassen werde, und daß die Güter in gesambt vor alte und neue Zins und Frohne zugleich haften. Dieses gehöret dahin, wo der vorigen und neuangenommenen Güter ein Lehnherr ist, sonsten ist es unbillig, daß einer dem andern sein Lehn ohne Consens beschwere.

Was in Besichtigung eines Gutes war genommen und wol erkundigt werden sol

1. Mit weme er benachbart, ob er mit solchen in Reinen und Steinen[50] richtig und ohne Zank sei.

2. Ob er auf seinen und der Leute Gehölzen und Gütern die Jagten und Weideswerk alleine oder mit andern gemenget habe.

3. Die Fischwasser, ob sie fischreich, freie Gehege, oder andere Leute mit zu fischen Recht haben.

4. Was Bodens der Ackerbau, ob er trocken, an der Sommerleiten[51] gelegen, ohne Stein und Leim sei, wieviel uber Sommers und Winters ausgeseet und in gemeinen Jahren an Getreidich erbauet werde, was ein Schock jedes insonderheit zu geben pfleget, ob auch Laiden[52] vorhanden, daß die Felder erweitert werden möchten?

5. Ob es gute Baum- und Obstgärten von jungen Bäumen, zur Gräserei wol wüchsig und gelegen sei, desgleichen guten Krautboden und Kretzgärten habe?

6. Ob der Wiesewachs gutes gewüchsiges Bodens zum Hau und Grummet alles wol täuglichen und gewässert werden könne, nicht leichtlich verschlemmet werde, auch vermenget oder beisammen gelegen sei und Esefuttrung drauf erwachse.

7. Wie viel man Schaf uber Winters und Sommers in Fütterung und Trieft notdürftiglich halten könne, und ob die Schaftriften richtig und unvermenget und ohne Zank oder eins Teils Kuppeltrift seind, ob die Schafe wol zu stehen pflegen oder leichtlich wandelbar[53] werden.

8. Wieviel man melkende Kühe und andere Rindeshäupter halten könne, ob es gute Sommerhütung und mit den Kühen nicht weit zu treiben habe?

9. Die Behölzung, ob sie weit oder nahe und zu guten Wegen gelegen, wie die Gehölze bestanden, ob es auch Bau- oder Schlagholz sei, item ob man auch jährlichen uber Feuerbehölzung etwas ohne Schaden zu vorkaufen und wie viel zu lösen, und ob es einen guten, gewüchsigen Boden habe und das Holz zu kaufen wol abgebe, mit Hütung nicht beleget sei?

[49] vererbpachten.
[50] in Grenzrainen und Grenzsteinen.
[51] Südabhang.
[52] unbebautes Feld.
[53] krank.

10. Was es für Teiche habe, ob solche von Fluten aufgefangen werden müssen, stets Wasser halten, oder Bäche darein gehen, und ob sie in großen Fluten leichtlich Schaden nehmen, die Fische darinnen wol wachsen, drin bleiben, nicht mit Schilfgras bewachsen sein?

11. Do eine Mühle vorhanden, ob solche zum Sacke wol gelegen und nicht leichtlich Vorhinderung der Wiederwoge[54] halben habe, und allezeit Mühlwasser genugsam sei, und ob das Wehr[55] schwer zu halten sei oder leichtlichen Schaden nehme?

12. Wann es keine Mühle hat, sol man sich erkundigen, wie weit es in die Mühlen zu fahren sei und was es[56] für Wege habe.

13. Ob es Weinwachs habe, wie der in den Leiten[57] gelegen, gegen Morgen, Mittag oder Abend, nahe oder weit, ob es felsicht, kisicht, sandicht oder leimichter Boden sei, ob die Berge steiger[58] oder seichte gelegen, nach Landart Lager sei oder gepfelet werde, was vor Wein da erwachse, ob er wehrhaft[59] oder nicht, leicht erfriere, was für Gewächse[60], wie in Tüngungen er gehalten, wie er bestocket, und wie er bewahret sei und wie er zu gemeinen Jahren zu tragen pflege, was vor Weingeräte vorhanden.

14. Desgleichen, ob es Hopfen habe oder nicht, wie viel er zu gemeinen Jahren zu tragen pflege, ob er stark und zum Lagerbieren wol halte oder nicht.

15. Ob es Stutereien[61] habe oder sonsten große Viehezucht, ob es einen oder mehr Steinbrüche habe, ob es Mergel[62] habe und ob auch Kalksteine vorhanden und dergleichen.

16. Was sonsten jedes Gutes Nützung und Gerechtigkeit oder Beschwerung, pflegen die Anschläge und Erbregister zu besagen.

Nota. Aus Vorgehenden sonderlich wol war zunehmen:

1. Wie es in Bestallung und Nützung befunden wird.

2. Ob es der Leute Art und Gelegenheit nach in einem oder dem andern zu besserer Nützung anzustellen und zu bringen sein möchte?

Eine ungefehrliche Unterrichtung, was ein Jahr uber in einem jeden Monat vor Anstellung und Verrichtung in der Haushaltung notwendig geschehen sol.

Im Januario oder Jenner

Der Fütterung vor Viehe und Schafe wol warzunehmen und nichts vergeblich verursachen[63] zu lassen.

Das Sommersamen Getreidig an Erbeiß, Gersten, Wicken und Hafer wöchentlich rein abzunehmen und den Samen vollkömmentlich hinzuschütten.

[54] Gegenströmung.
[55] Vorlage: Weher.
[56] Vorlage: er.
[57] Berghang.
[58] steigel, steil.
[59] mhd werhaft = dauerhaft.
[60] Vorlage: Gewüchse.
[61] Vorlage: strutereyen.
[62] Vorlage: Morgel.
[63] gemeint ist wohl verurschen, unnütz verderben lassen.

Malz aufs Lager machen lassen und zu brauen in diesem und folgenden Monat. Die ubrigen Mast- und Speckschweine im letzten Viertel des Mondenscheins zu schlachten.

Holzfellen vor Fabian Sebastian[63a] im letzten Viertel.

Gebacken Obst, Sauerkraut und Möhren[64] zu vorkaufen die beste Zeit in diesem und folgenden Monat, ehe grün Kreuterich[65] herbei kömpt.

Den Schafnösern Erlenlaub[66] zur Probe zu essen geben, welches diese Zeit davon frist, ist gesund, welches aber nicht fressen wil, ist wandelbar[67] an Lung und Leber. Man kennet zwar solche unbrüchige[68] Schafe auch im Früling, da sie die Wolle sehr gehen lassen, ehe man sie schiret[69], und solche Schafe kan man zeichnen und beizeiten abtun.

Der Lein, so man drosch[70] nennet, sol in den Knoten bis in diesen Monat erhalten werden und die Knoten alle, ehe sie gedroschen, fleißig gesiebet, damit der Lein von dem Unkraute rein gemacht, zu Vorhütung vielfeltiges Getens[71].

Von dem Heidekorn[72], das kleinkörnigt ist, zum Samen zu behalten.

Die Teiche, welche nicht ihr durchgehent Wasser haben, täglich zu räumen und vor dem Ständer[73] offen zu halten, auch im folgenden Monat.

Im Februario oder Hornung

Die Zuchtkelber, so man absetzen wil, im letzten Viertel schneiden lassen.

Wein abziehen im letzten Viertel, und wann ein heller Tag ist.

Puschholz hauen im letzten Viertel, wenn man vor Kälte und Schnee darzu kommen kan.

Weiden koppen[74] und setzen im letzten Viertel.

Teiche besetzen im ersten Viertel zunehmenden Monats: Wo nun aber durch den Winter daran gehindert würde, sol es auf nechstfolgenden Monden geschehen.

Die Aufschläge[75], Gräben und Schlägestangen[76] im Felde und Wiesen vorneuern, halten und auswerfen, damit nicht zu Schaden gefahren werde.

Pfropfreiser brechen und bälzen[77] lassen, auch junge Bäume fort zu setzen im letzten Viertel, sol das Obst wehrhaftig[78] sein und nicht leichtlich wurmstichig werden, pflegt aber kleinwüchsig zu sein.

[63a] 20. Januar.
[64] Vorlage: mähren.
[65] Kraut, Gemüse.
[66] Vorlage: Oerlenlaub.
[67] schadhaft, mangelhaft, krank.
[68] anfällig.
[69] schert.
[70] Dreschknoten, die Samenköpfe des männlichen Flachses.
[71] Jäten.
[72] Buchweizen.
[73] Fischbehälter, in dem die Fische zum täglichen Gebrauch stehen.
[74] köpfen.
[75] Hürden?
[76] Schlagbäume.
[77] pelzen, pfropfen.
[78] dauerhaft.

Item die Bäume sol man in diesen Monat düngen, also daß man die Stämme bis auf einen guten Stutzboden[79] breit umbhacke, nachmals geile Düngung in des entblösete lege und solche mit dem Rasen wiederumb decke.

Lagerbier anfahen zu brauen.

Kappsamen[80] seen am Abend Petri Stuelfeiers oder Mathiae[81].

Rübesamen und ausgesiebten unreinen Lein zu Öl schlagen lassen in glinden Wetter, welches zum Geleuchte und Wagenschmir zu gebrauchen.

Das gesponnene Garn in diesem Monat zu äschern[82] und frieren zu lassen, welches zum Wirken weisser und getlich[83] hiervon wird.

Mist vor die Weinberge, item zu Erbeißen zu führen.

Weinpfehle und Planken[84] schlagen lassen.

In diesem Monat aufzuhören, die Schaf auf den Saatfeldern zu hüten.

Die Brücken, darüber man das Viehe und Schaf treiben muß, wo die wandelbar[85] worden, bessern und zurichten lassen.

Im Martio oder Merzen

Mit dem Lager Brauen fortfahren, so am lengsten hinaus liegen sol, im letzten Viertel Schein, sol nicht leichtlich sauer werden.

Malz in Vorrat machen, welches folgendes Jahr im Anfang zu verbrauen sei, wenn es gemacht, hinzuschütten und in Forchen[86] zu schlagen.

In den Getreidig das Grasen zu vorleihen.

Kelber im andern Viertel umb den vollen Monden abzusetzen.

Zur Gersten, Kraut, Lein und Hanf zu misten und zu pferchen, wo es vor Winters nicht geschehen.

Erbeiß im letzten Viertel, auch Wicken zu sehen[87].

Hafersaat zu verrichten; wenn man zu naß zum Haber ackert, so bekömmet man wenig Haber, aber viel Hundesblumen.

Sommerkorn und Gersten zu seen.

Die Gersten Äcker zu rühren, wenden, hacken oder balkstreifen[88], wo es breuchlich, und jedes Ortes vonnöten, und fleissig einzuegen in trockener Zeit.

Zeunen und die ubrigen Weiden vollends hauen und die Satzweiden setzen lassen.

Die Wiesen und Gärten ausrechen, kehren, reumen.

Maulworfshaufen zerstossen im letzten Viertel, so setzet sich das Erdreich wieder fein zugleich nieder.

[79] Baumscheibe.
[80] Kohlsamen.
[81] Vorlage: Stuelfewers. 22. Februar, Matthiae = 24. Februar.
[82] in Aschenlauge kochen.
[83] passend, schön.
[84] Vorlage: Blanken.
[85] schadhaft.
[86] Der Getreidehaufen wird zur besseren Kontrolle mit regelmäßig eingedrückten Furchen versehen.
[87] säen.
[88] ein Pflügen, bei dem zwischen 2 Furchen ein Streifen ungewendeten Bodens liegen bleibt.

Die Wasserwehren auf den Wiesen anzurichten, die Graben aufzuwerfen und zu wässern.

Das Rind unters Viehe in vollen Monden vor Ostern zu lassen.

Kappsamen[89] und späte Pflanzen am Abend Gertrud[89a] zu seen.

Sommerweizen seen in der Marterwochen.

Samgeräte[90] an Krautstauden, Rüben, Mähren und Samzwiebeln setzen, in vollen Mondesschein.

Was sonsten in den Würz- und Lustgärten geseet, gestecket und angerichtet werden solle, wissen geschickte und wol erfahrene Gärtner die Zeit und Maße zu treffen.

Die Hürden wieder ins Feld zu schlahen und zu pferchen anzufahen umb Mitfasten oder balde hernacher, wenn es Gewitters[91] halben geschehen kan, und das Schafviehe auch Genieß oder genugsam Fütterung zu Felde findet, daß sichs ohne Stallfütterung erhalten kan.

Fischkörblein legen und Reusen fortschlahen. Im Hopfen zu arbeiten und zu schneiden.

Sommergersten seen vor oder nach Ostern, nach Gelegenheit der warmen oder kalten Felder und Witterung.

Zum Bienen sehen, wenn ein heller und stiller Tag ist.

Strohband[92] zum Getreidig, auch Dachschäbe[93] machen zu lassen.

Mehl mahlen lassen, so den Sommer uber wol liegen mag.

Schafhürden zur Notdurft keuffen und machen lassen.

Die Weinreben aufzuziehen nach annunciationis Mariae[93a], wenn es klar ist am Himmel und treuge[94] ist.

Die Weinberg zu schneiden, zu reumen, zu hacken und zu pfählen.

Kein Schaf sol man in diesem Monat an sumpfigten, nässigten Orten oder Wiesen weiden wegen der ersten Grun, dann sie von Blute leichtlich erstecket werden können.

Die Obstbeume von den Raupen, ehe sie wegen der Wärme und Hitze aus den Nästern kriechen, reinigen lassen.

Die Bäumlein zu pfropfen, wann der Mond auf der letzte ist, auch in den ersten dreien Tagen.

Die Leichkarpen[95] aus den Teichen zu fischen und zu vorsetzen, im ersten Viertel des neuen oder vor den vollen Monden.

Im Aprillen

Was in vorgehenden Monat Ungewitterung halben nit verrichtet werden kan, muß fortgefahren und in diesem Monat vollbracht werden, und hierüber Salz kauffen[96],

---

[89] Kohlsamen.
[89a] 17. März.
[90] Samen, Saat.
[91] Witterung.
[92] Strohseile zum Garbenbinden.
[93] Strohbunde zum Dachdecken.
[93a] Mariae Verkündigung = 25. März.
[94] trocken.
[95] Laichkarpfen.
[96] Vorlage: Saltzkeuffen.

uber Sommers zu gebrauchen, vor der Kornblüte, damit das Eingesalzene nicht madicht werde.

Die Wiesen mit den Schaffen zu behüten aufhören Georgii[97].

Kraut- und Flachsländer rühren zu lassen im letzten Viertel.

Die Lemmer hemmeln[98] nach Ostern.

Die Schaf waschen nach Ostern.

Den Mist zusammenwerfen lassen, wann es einen Regen getan.

Die Wolle abnemen lassen Exaudi[99] oder ehe, wie es die Gelegenheit der Witterung und warmer Zeit geben wil, und solche zu vorkaufen.

Den Weizen schrapfen, doch nicht uber die Zeit, ehe er in die Schoßkühle[100] tritt.

Die Teiche, welche mit der Winterflut erhalten werden müssen, diesen Monat aufs höchste, als es die Dämme leiden wollen, aufzufangen.

Streich- oder Leichkarpen auf S. Georgen Tag[101] zu vorsetzen, als drei Regner[102] und zweene Milchner gehören in Vorsetzen zusammen, und die Streichteiche zuvorn geackert, und wo es sein kan, den Winter ohne Wasser liegen lassen.

Nesseln unter Weizen klein gehacket und den Hünnern klein zu essen gegeben, sollen viel Eier legen, oder den jungen Hünern zuerst Nesselsamen, welches gleich so viel sein sol.

In den Weinbergen zu senken und heften[103].

Zwiebeln und Möhren Samen seen, auch Zwiebeln stecken in den letzten Viertel.

Bäume schneitteln[104], schaben, umbhacken, düngen. Korn stecken oder seen lassen, wenn es nicht zuvor geschehen.

Im Meien

Umb Philippi Jacobi[105] ist es hohe Zeit mit der Gerstensaat, auch in geringer, kalter Landart, nur daß der Acker tüchtig und trocken Wetter sei. An die Kälte darf man sich damals nit groß kehren, es hat keinen Bestand alsdann darmit.

Was vor Gerste etwas langsamer geseet wird, hat selten Gedeien und bekömt kleine Körner.

Im Wintergetreidig zu grasen aufhören zu lassen Philippi Jacobi.

Leinwand[106] zu bleichen anfahen, ehe die Bäume blühen.

Die Rechnung über die Schafnöser, so im Winter geschlagen, auch die Mehrung von den Schaffmeistern Wallpurgis[107] einer jedern Art gezehlet, wieder anzunehmen und den Abgang zu verzeichnen.

[97] 23. April.
[98] zu einem Hammel machen, beschneiden.
[99] Sonntag nach Himmelfahrt.
[100] Schosskiel, der junge Halm, der beim Schossen des Getreides zum Vorschein kommt.
[101] 23. April.
[102] Rogner.
[103] Ableger machen und anbinden.
[104] beschneiden.
[105] 1. Mai.
[106] Vorlage: Leinwad.
[107] 1. Mai.

Die Inventaria und Rechnung uber das Rind und ander Viehe wieder beneben der Mehrung und Abgang zu vorzeichnen.

Pflanzen stecken Crucis[107a]. Nach einem Regen, damit es bekleibe[108]. Dabei die alte Regel in Acht zu nemen: Liegen Kraut, gediegen Kraut. Das ist, wenn die Pflanzen etzliche Tage auf dem Acker liegen und schlaffen[109], so treuget[110] der Acker wol auß, und hat das Kraut gut Gedeien und Fortkommen. Wenn man Pflanzen aber in grosser Nässe stecket, solch Kraut gelbet sehr und hat kein Fortkommen. Auf die jungen Bienschwärme aufsehen zu lassen umb Frohnleichnamstag bis nach Petri und Pauli.

Mittellein, Hanf und Hirse seen Urbani[111].

Heidekorn seen umb Urbani; im letzten Viertel, sonsten pflegts immer zu blüen.

Die Lemmer absetzen und die Schaf des Tages dreimal melken, anfahen umb Pfingsten oder die Woche hernacher.

Zu Mist und Pferch brachen lassen im letzten Viertel.

Wende kleiben[112], reissen nicht sehr auf.

Backofen schlahen[113], reissen nicht sehr auf, desgleichen auch Scheuntennen zu machen.

Die Schäbdächer[114] einreissen und die alten Schäbe[115] in Mist strauen.

Hopfen zu stengeln[116] und anzuweisen.

Das Getreidig auf den Böden fleissig und oft wenden, damit es umb die Kornblüte Zeit nicht verderbe und schadhaft werde.

Zu brachen anfahen im letzten Viertel, faulet wol.

Den Kuhe- und Schafmist auf das gebrachte Feld zu führen anfahen.

Im Junio oder Brachmonat

Mit der Brache und Mistfuhre fortzufahren.

Gras meden[117] und Hau machen, wo das Wasser gefehrlichen den Grummet Wiesen vor Johannis[118] im vollen Mondenschein, schwindet nicht zu sehr.

Mist breiten[119] und unterrühren lassen im letzten Viertel des Scheins.

Späten Lein seen Viti[120].

Die Scheintännen[121] und Pansen[122] von den alten Geströde zu reinigen und dasselbige

[107a] Inventio Crucis = 3. Mai.
[108] anwachsen.
[109] schlaff werden.
[110] trocknet.
[111] 25. Mai.
[112] Wände mit Lehm bewerfen.
[113] durch das Schlagen des Lehms einen Backofen herstellen.
[114] Strohdächer.
[115] Strohbunde zum Dachdecken.
[116] mit Stangen versehen.
[117] mähen.
[118] 24. Juni.
[119] Vorlage: breten.
[120] 15. Juni.
[121] Scheuntennen.
[122] Bansen, Scheunen.

an einen Ort zusammen bringen, damit zum neuen Jahrwachs und Getreidig es rein gemacht sei.

Die Merzschafe hemmeln[123] und geringe Lämmer in diesen Monat ausheben und verkauffen.

Den Schafen diesen und folgenden Monat vormengtes Salz geben, wenns treuge ist. In den Kretzgärten[124] zu geten.

Die Weinberge zu hacken und zu brachen.

Im Julio oder Haumonat

Graß hauen und Hau machen lassen in gemeinen Wiesen.

Vor Margareten[125], ehe die grosse Hitze einfelt, sol die jungen Kappaunen zurichten lassen.

Die Wintergersten einzuernden, desgleichen die Winterrubensaat.

Weissen Rübensamen seen Kiliani[126] oder Margaretae im letzten Viertel, sollen weicher kochen.

Kappsamen seen zu Winterpflanzen umb Jacobi[127] oder acht Tage hernacher.

Uberlei Rindviehe aus den Weiden zu vorkauffen vor Jacobi.

Frembder Ochsen- und Schweinkauf gehet an auf Jacobi.

Kappsamen und andere Gesame, so in diesem Monat zu reiffen anfehet, von Tage zu Tage abnehmen, darmit solches nit vergeblichen auslauffen möge.

Wenn man den Rübesamen mit den Wurzeln auszeucht und mit einander auf den Boden leget, so wird der ubrige Samen so reif und schöne von solchen Wurzeln auf den Boden, als wenn er noch in dem Erdreich stünde.

Das Staudenkorn[128] an Örter, do es tügliche Felder, in neuen Monden, etliche vor oder nach Jacobi zu seen, ist also denn auch vors Viehe zu schrepfen, vor Winters zu gebrauchen.

Kraut zu blaten[129] anfahen Jacobi.

Acht Tage vor Jacobi gehet der Vogelfang mit den Käutzigen[130] an. Man mag auch umb solche Zeit Sprenckel[131] anrichten, vornemlich wo man rote wilde Holunderbeerlein haben kan. Etliche brauchen Johansbeerlein und Kirschen an solcher Stelle.

Auf den Gebirge fehet man die Schneer[132] hauffenweise umb und nach S. Jacobi auf den Herden[133], man stecket Kirschen im Strauch, darnach fellet der Schner mit Begir. Wer aber solch Weidewerk brauchen wil, muß notwendig singende Schner ein bar auf den Herde haben.

[123] hämmeln, zu Hämmeln kastrieren.
[124] Gemüsegärten.
[125] 13. Juli.
[126] 8. Juli.
[127] 25. Juli.
[128] Staudenroggen, eine Abart des Roggens (secale cereale multicaule).
[129] abblatten.
[130] Käuzchen als Lockvogel.
[131] Vogelfalle, mhd. sprinkel.
[132] Schneedrossel, Schnärrer.
[133] Vogelherd.

Im Augusto oder Augustmonat

Zu Einernden Anstellung zu tun.

Die Ruhracker[134], wenn sie zu sehr grunen wollen, scharf einegen lassen.

Früe Grummetgras hauen und dürre machen lassen.

Korn und Weizen zum Saamen dreschen lassen.

Wintergersten und Winterrübesamen[135] am Abend Bartholomaei[136] seen.

Speckschweine auf die Mühle zu legen[137] umb Bartholomaei im ersten Viertel, wann der Monat zunimbt.

Bartholomaei wird aufgehört, die Schafe dreimal zu mälken und forthin des Tages nur zweimal.

Zwiebeln außheben Bartholomaei.

Schaflaub von Erlen, Birken und Eichenholze machen lassen, in Gebunde zu binden, zu treugen[138] und ein zu bringen.

Die Herbstwiesen, so nur ein Graß tragen, hauen lassen, dörren und einbringen.

In der Wochen, darin Bartholomaei gefellet, und die folgende hernach, ist der Vogelfang mit den Sprenkeln am besten. Uber solche Zeit bleiben wenig Sprenkel Vogel (ausgenommen Rotkehligen und Meisen) hinderstellig[139]. Deswegen wer Sprenkel stellen wil, tue es vor Bartholomaei[140] oder lasse es nachmals anstehen. Nach Sanct Laurenti[141] fehet man selten Nachtigallen, sie ist schon damals verrucket[142].

Nach Bartholomaei zur Saat zu ackern anfahen.

Die Ruhrhacke an den Weinbergen anzustellen.

Das neue gedroschene Samgetreidig[143] aufs dünneste auf frische Böden zu schütten und allewege uber den andern oder dritten Tag zu wenden, damit es nicht auf einander erwarme.

Herbstmist hinaus zu führen.

Im September oder Herbstmonat

Hopfen abnehmen Egidi[144].

Umb Egidi sol sich der Finkenfänger täglich auf seinen Herde finden lassen. Vor Crucis[145] sollen auch die Dohnen zum groben Vogelfang zugericht und eingebeeret[146] sein.

Zu Weizen und Korn die Felder aufackern und seen lassen, als den Weizen Freitags vor oder nach Crucis im letzten Viertel.

---

134 der Brachacker, der die 2. Pflugfurche, die Ruhre, erhalten hat.
135 Winterrübsen.
136 24. August.
137 Schweine auf die Mühle legen, damit sie von den Abfällen gemästet werden.
138 trocknen.
139 zurückbleiben, übrig sein.
140 24. August.
141 10. August.
142 weggezogen.
143 Saatgetreide.
144 1. September.
145 Exaltio crucis, 14. September.
146 mit Beeren versehen.

Korn auf die gesommerten Erbeis- und Wickenfeld drei Wochen vor Michaelis[147], sonderlich was gesommert in vollen Mondenschein. Mittelfeld und mit schlechten Hoffmist gedünget vierzehn Tage, das gute warme Feld aber acht Tage vor oder nach Michaelis.

Honig außnehmen Sebaldi, oder wenigstens die Stöcke in der Unterbeuten[148] fegen oder reinigen lassen.

Die Stier[149] unter die Schafe zu lassen Matthaei[150], lammen sie Liechtmeß[151]; ist die Unterlaß[152] Michaelis[153], geben sie Lemmer Petri[154]. Es tregt ein Schaf ein und zwanzig Wochen.

Salz in Vorrat zu kauffen Michaelis, uber Winters zu gebrauchen.

Den Flachs und Hanf zu brechen, hecheln und zu spinnen anzurichten.

Die Korn- und Weizenstoppeln aufs seichteste zum Sommergerstfelde umbzustürzen lassen, darmit es vor Winters vorfaule und sich erliege im letzten Viertel.

Lagerobst abnehmen und einschlagen umb Michaelis[155] im letzten Viertel, und weil[156] es hartes Frosts halten bleiben kan, eingeschlagen in Gärten liegen zu lassen, bleibt darnach desto lenger und wehrhaftiger[157].

Die Schafrechnung Michaelis zu halten, die Rechnung und Inventaria uber das Rind und ander Viehe wieder zu vorrichten.

Die Abrechnung der getanen Frohndienst mit den Leuten zu halten, und was nechst vorbleibet, zu vorzeichnen.

Die erste Kornsaat in der Weichfasten[158] vor dem vollen Monden geseet, sol nicht auswintern, sonderlich wo es nasse Felder hat.

Leimen in diesem Monden auf das letzte Viertel zu den Ofen in den Viehestuben zu hacken und zu gebrauchen, darinnen enthalten sich keine Heimen[159] oder Grillen.

Heckerling vors Rind- und Zuchtviehe schneiden lassen.

Das Braugefässe wiedrumb anrichten und einzuquellen[160].

Im October oder Weinmonat

Krauthäupter auszustechen.

Möhren und weisse Ruben ausgraben umb Burckhardi im letzten Viertel.

Zu melzen anfahen, frische Bier zu brauen in diesem und folgenden Monat.

Bauholz fellen, auch Winterholz an Scheiten und Puschholz hauen lassen im letzten Viertel.

---

[147] 29. September.
[148] liegende Beuten.
[149] Stier hier Schafbock.
[150] 21. September.
[151] 2. Februar.
[152] Zulassung des Bockes zu den Schafen.
[153] 29. September.
[154] 22. Februar.
[155] 29. September.
[156] dieweil, solange als.
[157] währhaftig = dauerhaft.
[158] Weihfasten, Quatemberfasten in der Woche nach dem 14. September.
[159] Heimchen oder Grillen stören, wenn sie in der Wärme sind, Mensch und Tier durch ihr Zirpen im Schlafe.
[160] einquellen, damit das trockene Holz sich wieder ausdehne.

Teiche fischen Galli[161].

Die uberlei[162] Gersten zu brauen anfahen auszulassen, so wol auch das andere Getreitig[163].

Rüben zu welken an Örtern, do die nicht gefrieren mögen, aufzuhengen.

Die Krautbletter[164] und Rubenkräuterich[165] sollen auf gedielete Böden vors Viehe zu treigen[166] geschüttet und zum Sieden[167] gebrauchet werden.

Wilde und Pfropfstämmlein auszuheben und fortsetzen lassen im letzten Viertel, so bekleiben[168] sie leichtlich.

Die Weinpressen wieder anzurichten.

Das Weingefäß zum Jahrwuchs binden und versichern lassen.

Die Weinlese anzustellen, wann die Beer zuvor durch einen Reif oder zweene nach Gelegenheit der Witterung gezwungen[169] und dünnschälicht[170] worden.

Die Weinpfäle zu ziehen.

Die Weinstöcke zudecken an denen Örtern, do es gebräuchlichen.

Die Kretzgärten und Krautländer mit gutem Mist zu beführen und vor Winters unterzustürzen.

Das Erbeiß- und Wickenstroh, welches wol eingebracht, sol vor Weihnachten vor die Pferde unter das Futter gemenget werden, sol die Würme vertreiben.

Die Röhrwasser zu vormachen und zu verbinden, und wo es vonnöten, neue Röhren zu legen[171].

Die Obstbäume sol man auch in diesem Monat umbhacken[172] und mit Schweinsmist düngen.

Ingleichen sollen auch die Krautbeten und kleine Gärten wol gedünget und vor Winters der Mist untergefolget[173] werden.

Wann auch auf den[174] Feldern zugepfercht, und es sein kan, sollen die Hürden auf die dürren Wiesen geschlagen und mit den Schafen gepfercht werden.

Im November oder Wintermonat

Mastochsen aufzulegen omnium sanctorum[175]. Mehl in Vorrat den Winter uber, das wol liegen sol, mahlen lassen umb Martini[176].

---

[161] 16. Oktober.
[162] überschüssige.
[163] Getreide. Man verbraute außer Gerste auch Hafer und Weizen.
[164] Vorlage: Krautbetter.
[165] Rübenkraut.
[166] treugen = trocknen.
[167] Vorlage: Süden.
[168] anwachsen.
[169] weichgemacht.
[170] dünnschalig.
[171] Röhren: Bewässerung und Entwässerung durch Holzröhren.
[172] umhacken: gemeint ist das Behacken der Baumscheibe.
[173] untergefelget.
[174] Vorlage: dem.
[175] Allerheiligen, 1. November.
[176] 11. November.

Zehe Laiden[177] oder Haferfeld vor Winters umbreissen lassen, damit es durch Fröste ermiltert werde und aufm Früling sich wol egen lassen möge.

Was zur Sommersaat, als Sommerkorn[178], Gersten, Sommerweizen, Kraut und Kretzerei[179] im vorigen Monden nicht gedünget und untergestürzet werden mügen, das kan diesen Monat, wo fern es der Witterung halben sein kan, geschehen.

Brennholz im Vorrat, wann man der Witterung halben mit den Geschirren anders nichts vorhaben kan, zu schaffen.

Auf die Drescher gute Achtung haben, daß die beim Tage zu dreschen anfahen, auf daß rein gedroschen und das beste und lengste Stroh zu den Banden und Schäben[180] ausgesondert werde.

Im December oder Christmonat

Die notwendigsten Bauführen bei guter Winterbahn zu verrichten.

Mastschwein im letzten Viertel zu schlachten, sol wehrhaftig[181] sein, auch daß Speck und Fleisch nicht leichtlich zu Schanden werden.

Auf die Teiche gut Achtung geben, daß sie fleissig gereumet und die Fische wegen des Tauwassers, so auf den Teichen, welche kein durchfliessend Wasser, stehend bleibt und wieder gefrieret[182], nicht erstücken mögen.

Auf die Schäfer gut achtgeben und täglich nachzusehen, woferne die Schafnöser Schnees halben ausgetrieben werden können, daß sie nicht in Ställen füttern, denn was das Nachtfutter belanget, und ihren Kühen kein Hau vorlegen.

Nach dem eingeschlagenen Obste zu sehen, dasselbe zu durchlesen und die frischen reiniglich zu wischen und wieder in ein Gefäß zu schlagen[183].

Notwendige Articul, kürzlichen vorfasset, etlicher Massen zur Erinnerung,
Anleitung und Berichte, wie in der Haushaltung Bestallung geschehen
und richtig vorfahren werden sol, darauf denn auch eines Forbergs Verwalters
Bestallung gerichtet werden sol.

Was ingemein in der Haushaltung sol in Acht genommen werden.

Der Oeconomus sol in- und ausserhalb Hofes, in Feldern, in Wiesen, in Holze und allenthalben, treulich und fleissig aufgesehen, Reine und Steine[184] nicht verrucken lassen, sondern in guter Achtung haben und keine Neuerung noch Einführung an Stegen und Wegen, Enderung oder Schmelerung derselben gestatten und nachgeben.

[177] Lehden, wüstliegendes Stück Feld.
[178] Sommerroggen.
[179] Gemüse.
[180] Dachschäbe, Strohbündel zum Dachdecken.
[181] dauerhaft.
[182] Vorlage: gefreiret.
[183] Die 2. Auflage von 1617 hat hier einen Einschub von 4 Seiten «Was ferner in folgenden Monaten in Acht zu nehmen».
[184] Raine und Grenzsteine.

Item uber allen Gerechtigkeiten steif und feste halten, damit Schaden und Nachteil, so viel müglichen, inzeiten vorkommen und verhütet werde.

Bestellung und Beschickung des Ackerbaues

Mit Fleiß anzuhalten, daß der Acker- oder Feldbau zu rechter Zeit in alle gebührliche Arten[185] uber Sommer und Winter gearbeitet, angerichtet, die Bete[186] wol erhoben, recht zusammen geführt, zu bequemer Zeit der Acker geposet[187], geschlichtet oder eingeeget, nicht zu dicke noch zu dünne mit gutem Samen geseet, wol geeget und zur Wintersaat ausgestrichen[188], Wasserfurchen[189] geführt, die Wasser abgewiesen, die Furchen ausgeworfen und am Rändern eingeschaufelt, uber Sommers neben dem Einegen auch gequiret[190] und gewelzet[191] und in summa, wie es täglichen die Notdurft erfordert, nach Gelegenheit jedes Orts, der Zeit und Witterung[192] nach, sich schicken und leiden wil, bestellet und verrichtet werde, sonderlich aber auch vor die Schafe und das Viehe nicht uber die Zeit und zu lang das Brachfeld zu Schaden hegen, vorrasen und queckigt werden lassen.

Mistung oder Tüngung belangende

Daß der Mist feuchte zu rechter Zeit, bald nach Ostern, im letzten Viertel des Monden, zusammen geworfen, wann er 7 oder 8 Wochen gelegen und gefaulet, nach Pfingsten, auf lengste umb Johannis Baptistae[193], ausgeführt, nicht zu dicke abgeschlagen, fleißig gebreitet und bald, ehe er ausdorre, untergewendet[194], gehacket[195], auch an allen Örtern, wo und so oft vonnöten und sichs leiden wil, fleißig eingestreuet, auch der Kühemist in Ausmisten auf den Haufen zerzogen und der Pferdemist, wo derselbe verhanden, mit untergemenget werde, welches des Faulens und Besserung halben wol zutreglichen, auch Winterzeit in Viehhöfen das Geströde[196] unter den Futterräufen, welches sonst derart nicht wol gefaulet und zu Mist werden kan, fleißig auf Haufen an bequeme Örter, do es etwas feuchte, und durchs Viehe zertreten und zu rechter Zeit zusammenschlagen und einstreuen lassen, allenthalben desto mehrern und guten Mist zu machen, Vorteil und Gelegenheit suchen[197].

[185] Pflugarbeiten.
[186] Ackerbeete.
[187] bohsen = eggen.
[188] ausstreichen = Querfurchen pflügen.
[189] Furche, in der sich das Wasser sammelt und abgeleitet werden kann.
[190] quereggen.
[191] walzen.
[192] Vorlage: Winterung.
[193] 24. Juni.
[194] durch die 1. Pflugfurche, die Wendfurche, unterarbeiten.
[195] durch den Hakenpflug, den Hocken, unterbringen.
[196] Stroh.
[197] In der 2. Auflage von 1617 folgt hier ein Einschub über die Miststatt.

Den Pfirch belangende

Mit Fleiß aufzusehen, daß die Schäfer zu rechter Zeit, wenn es Wetters halben und daß man nit füttern darf, sein kan, sonderlich mit den Hemmeln sich zu Felde in die Hürden lägern, den Pfirch recht führen, nicht die Quere uber, sondern, damit ein Gewende[198] desto eher hinaus des Ackers halben gepfirchet, die Lenge der Bete pfirchen und die Hürden ansetzen, auch alle Tage fortschlagen[199]. Wenn auch ein Gewende hinaus gepfirchet, alsbald zu rechte und fein feuchte geackert, auf daß durch jählings Regenen der Pfirch nicht weggeführt, vergehen und verrasen möge.

Gräserei in Getreidig, der Schäffere Getreidehüten und das Schrepfen in Weizen belangende

Die Gräserei in Sommer- und Wintergetreidig belangende, auch auf den Reinen[200] und Brachen allenthalben, wo es tüglichen[201] sein wil, umb Geld, Gänse oder Hüner jährlichen zu vermieten[202], doch mit allen Fleiß darauf sehen und die Bürden[203] oftermals ausschütten lassen, damit gesehen werde, daß nicht Getreidig mit ausgerissen, auch sol man uber die Zeit nicht in Getreide grasen lassen, sondern, wann dasselbige schossen wil, bei guter Zeit die Gräserei verbieten und abschaffen, insonderheit aber nit zugeben, daß sie das Gras in Getreide ausschütten, sondern an die Render und Reine tragen, daß auch nie mit Schuhen in die Erbeis[204], Weizen und Gersten gegangen und, weil sie fett und weich, zertreten werden. Die Gänse vor die gemieteten Gräsereien, sollen allezeit umb Jacobi an ungerauften[205] Gänsen zu geben eingedinget[206] und zusammen gebracht und auf den Stuppeln gehütet, erhalten und uberantwortet werden.

Den Schäfern im Herbst gar nicht zu vorstatten, daß sie auf dem Getreidig hüten, wolte es sich aber leiden in Frülinge, und wann es gar trocken oder gefroren were, auf etlichen Stücken, do es fett und dicke stünde, und man sich Lagerwerdens[207] befahrete, hüten lassen, sollen die Schäfer solches mit Vorwissen tun, damit neben den Schafmeister der Verwalter oder der Voigt allezeit darbei sein, und nicht lange aufgehalten, sondern im Gange oder Treiben überhütet, und nicht zu tief weggefretzet werde.

Sonderlich sol auch fleissiges Aufsehen geschehen, daß der Weize nicht zu tief, noch über die Zeit, wann er in Kühle[208] oder in den Schoßhalm[209] getreten, geschrapfet[210] werde, und do es dürre Witterung gibet, gar ungeschrapfet bleibe.

---

[198] Pflugbeet.
[199] die Hürden versetzen.
[200] Rainen.
[201] tauglich, möglich.
[202] Das Unkrautjäten in den Feldern soll an arme Leute verpachtet werden, die sich dadurch ohne eigenes Land Vieh halten können.
[203] Tragen oder Körbe.
[204] Erbsen.
[205] ungerupften.
[206] ausmachen, ausdingen.
[207] Man behütet zu dicht stehende Bestände, um das Lagern des Getreides zu verhüten.
[208] Kolle, Kopf des Getreides, Schoss.
[209] Vorlage: Schoßhale.
[210] schröpfen.

Das Winter- und Sommergetreidig zu rechter Reifzeit wol abgeschnitten[211], abgehawen[212], rein gerechet, aufgebunden, fleissig gemandelt[213] und alsbalde eingeführet, und den geladenen Fudern, wo die Mandel gestanden, sonderlich das Sommergetreidig, wol nachrechen lassen, in Scheunen schleunig abeladen, die Garben nicht zerreissen, fleissig gepansenet[214], das beste Getreidigt zu Samen besonders, desgleichen etliche Schock des Getreidigs, so in Kühemist, Schafmist, Pfirch, ungedüngeten, gesommerten und Stoppelfeldern erwachsen, unterschiedlichen und besonders geleget, und versuchet werde, was ein jedes zur Probe an Körnern gebe, alles zur Nachrichtung[215].

Daß auch das in Abladen ausgefallene Getreidig mit Fleiß ausgewurfet, rein gemacht und besonders ausgeschüttet werde, anzuhalten und Bestallung zu tun.

Was nun allenthalben an Sommer- und Wintergetreidig erwachsen, sol ordentlich unterschiedlichen und richtig an Schocken mit Bericht, wie viel Scheffel Samens und in welchem Felde, als oben gemeldet, es erwachsen, eingeschrieben und ein Vorzeichnüß neben Vermeldung, was ein jedes Schock zur Probe gegeben umb Bartholomaei[216] uberschicket und ubergeben werden; an vielen Orten, da es des Getreidigs sehr viel hat und man nicht weilig[217], das geschnittene Getreide zu breiten und zu dörren, ehe es gebunden wird, wie in Gebirgen breuchlich, sondern wird alsbalde von der Sichel an die Bande bracht[218], da wird es in den Mandeln etliche Wochen zu Felde gelassen, auf daß es in den Mandeln dorre.

Wenn nasse Jahre sein und das Getreide naß einkömmet, sol man in den Pansen nicht alles genau an die Wende anlegen, auf daß die Nässe und Dampf uber sich verrauchen können. So pflegt man auch wol in nassen Jahren ein alt Bierfaß, dem beide Boden ausgeschlagen sein, mitten in den Pansen zu setzen und herumb zu pansen, wenn die Garben so hoch als das Faß gelegt, so zeucht[219] man das Faß höher und panset ferner und zeucht es aber höher bis oben zu Gibel aus, da lesset man das stecken; durch solches Loch zeucht sich auch alle Nässe und Broden[220] hinaus, daß das Getreide nicht erwarme noch auswachse. Und wo die Pansen groß sein, möchte man solche Fasse mehr setzen. Und hilft darzu viel, daß darbei die Scheunen des Tages offen gelassen werden, auf daß der Wind sie durchgehen mag[221].

---

[211] abgeschnitten = mit der Sichel gemäht.
[212] abgehauen = mit der Sense gemäht.
[213] in Mandeln (Hocken) aufgestellt.
[214] das Getreide in der Banse, Scheune, fest aufeinanderlegen, stapeln.
[215] Nachrichtung, Benachrichtigung, hier Kontrolle.
[216] 24. August.
[217] weilig sein = Zeit haben.
[218] von der Sichel an die Bande bracht = sogleich binden, ohne es zunächst, wie üblich, ungebunden abtrocknen zu lassen.
[219] Vorlage: zeugt.
[220] Vorlage: Braden = Brodem.
[221] In der Ausgabe von 1617 folgt hier ein Einschub von 2 Seiten, daß man das Getreide so schnell wie möglich einbringen solle, und daß die Schnitter bei ihrer harten Arbeit taugliche Speise und genug Trank erhalten sollten.

Die Drescher und ausgedroschene Getreidig belangende

Die Drescher sollen anfangs des Dreschens alle Jahr fürgefordert, ihnen der Eid fürgelesen und sie dessen mit Ernst erinnert werden, und do etliche nicht geschworen, sollen dieselben den Eid leisten leiblich[222]; nichts desto weniger mit Fleiß aufzusehen, damit sie den geschwornen Eid nachsetzen, rein ausdreschen, aufschütten, und jedes Mal, wenn ein Schock abgedroschen, aufziehen und hinderstoßen, damit das Tennen geräumet und desto durch zu dreschen sei, und auf daß nicht zu viel Garben und zu dicke angelegt werde, so sol alle Jahr nach Gelegenheit des[223] Jahrwuchs, nachdem es zehe oder wol zu dreschen, Verordnung geschehen, wie viel Garben auf einmal sollen angeleget werden, und daß halb soviel Korn- und Weizenschütten[224] als Garben angelegt gewesen, stets aufgebunden, und mit Fleiß solche Schütten, ehe sie von Tennen kommen, alsbalde wiederumb uberdroschen, damit, wenn noch etliche Körner darinnen blieben weren, heraus gebracht werden. So sollen auch je zuweilen die Drescher Sonnabends nach vollbrachten Aufheben auf einen andern Tennen wechselweise Sommer- und Wintergetreidig, was dieselbe Woche gedroschen worden, etliche Schütte und Gebunde nachdreschen, auf daß erfunden werde, was für Fleiß in Dreschen geschehen sei, und do Mangel oder Unfleiß, daß nicht rein ausgedroschen, die Drescher nicht ungestrafft bleiben lassen.

Mit den Dreschern sol auf den Tennen alle Aufheben[225], Schock und Scheffel, an Kerbhölzer geschnitten[226] und recht Maß durchaus gemessen werden, auch Achtung zu geben, daß in der Sprau[227], Abkericht[228] und den Staube nicht Ähren oder Körner bleiben, die Süde[229] auch fleißig abgetragen und zu Recht gehalten werde, das Getreidig, sonderlich die Gersten geflädert[230], damit es keine Gränen[231] behalte, und alles Getreide recht wurfen[232], Weiz und Korn recht fegen lassen.

Die Drescher sollen allezeit bei gutem Tageschein anfahen und aufhören zu dreschen, und daß sie sich des Tauben- und Hühnerfahens[233] und Eier abnehmen, noch sonstes von Holz, Geströhe oder etwas anders mit sich anheim zu tragen (wie denn oft pfleget zu geschehen) enthalten, ihnen ernstlich zu untersagen und darauf zu sehen.

Vor einer jeden Scheunen sollen zwei ungleiche Schlösser geleget werden, der Vorwalter ein Schloß und der vertraueste[234] Drescher[235] aus den zweien das andere zu beschließen haben sollen, damit ein oder das andere Teil umb Verdachtes willen in die Scheune nicht kommen könne.

[222] auf die Hostie.
[223] Vorlage: daß.
[224] Bündel ausgedroschenen Strohes.
[225] Aufkommen, alles, was anfällt.
[226] Die Zahl der Garben und die Scheffelzahl des Gedroschenen soll zur Kontrolle auf die Kerbhölzer eingeschnitten werden.
[227] Spreu.
[228] Das Zusammengefegte.
[229] Hinterkorn, das die Schweine in ihren Sud bekommen.
[230] Mit einem Flederwisch, einem Gänseflügel, reinigen.
[231] Grannen.
[232] worfeln, gegen den Wind werfen zur Reinigung.
[233] Hühnerfangens.
[234] vertrauteste.
[235] Vorlage: Drescker.

Der Wintersamen sol alsbalde nacheinander gedroschen, wol rein gemacht, das Beste an Körnern abgenommen, auf die Böden fein dünne (damit sichs etwas erliege und dorre[236]) hingeschüttet werden.

Wann der Weizen, Korn, Gerst und Hafer, auch ander Getreidigt, zum Samen nicht wol reine und tüglichen, solches inzeiten zuvormelden, und nach reinen, guten Samgetreidigt zu trachten, auch wo und wie teuer solches zu bekommen, berichten.

Wenn in nassen Jahren man sich vermutet, das Samkorn und Weizen sei ausgewachsen oder sonsten ausgewessert und werde nit wol aufgehen, kan man leicht eine Probe machen, alt Korn und neu Korn, wie denn auch den Weizen, jedes besonders eine Handvoll seen und sehen, welches am besten aufgehet, darnach man sich zu achten. Alt Getreide ist nicht gut zu Samen, wenn es schon aufgehet, so wintert er sich doch sehr abe und wird sehr dünne. Das Getreidig, so in Vorrat und unverkauft bleibet, fleißig und oft wenden, auch nicht zu dicke schütten, damit es nicht erwarmen, müchich[237] werden oder sonsten verderben möchte. Keinesweges zu gestatten, daß etwas von Geströde durch fremde Leute Winterzeit aus dem Hofe getragen, noch auch von den eigenen Gesinde verbrennet und unretlich verfüttert werde.

Es sol auch mit Fleiß Achtung gegeben werden, daß Winterszeit der eingewehet Schnee in der Scheunen und auf den Böden beizeiten weggeschafft und von Getreide geworfen werde, damit, wenn der Schnee zergehet, dem Getreidigt durch die Nässe nicht Schaden geschehe[238].

Wiesenwachs belangende

Die Wasserweeren[239] in guter Besserung halten, die Graben fleißig halten und das Wasser zurechte leiten, die Wiesen nit verpuschen[240] noch hüblicht[241] werden lassen, sondern in bequemer Zeit mit Wesserung, Reumen und Einebenen, die Haufen und Hübel zerstoßen, die Büsche ausreuten, auch Hau und Grummet[242] zu rechter Zeit fleißig in neuen Monden machen (so pfleget es nicht zu sehr zu schwinden), wo es aber an Wasserflüssen gefehrlich gelegen, zu Verhütung Wasserschaden, desto zeitlicher und vor Johannis Baptistae[243] hauen[244], streuen, wol dürre machen und trocken einführen, bestellen, anhalten und verrichten.

Gärtnerei belangende

Das in Baumgärten mit Warten, Setzen und Pfropfen wilder Stämmlein, im Herbste die Bäume umbhacket, gedünget, angebunden, geschneitelt[245], die alten Bäume im Frü-

---

[236] trocken werden.
[237] modrig, schimmelig.
[238] In der Ausgabe von 1617 folgt hier ein Einschub von 10 Seiten über die Untreue der Drescher, über die Verwahrung des Getreides in den Scheunen und schließlich eine Anweisung zum Sperlingsfang mit einer Abbildung.
[239] Wehre, Schleusen.
[240] mit Busch bewachsen.
[241] Hübel sind Maulwurfshaufen, hüblicht heißt uneben durch Maulwurfshaufen.
[242] Heu der 1. Mahd und Heu der Nachmahd.
[243] 24. Juni.
[244] mit der Sense mähen.
[245] beschneiden.

linge geschabet, dürre Äste abgehauen, die Ausschösserlinge[246] oder Wasserreiser weggestossen, alles zu rechter Zeit mit Fleiß verrichtet werde, anzuhalten, daß auch Wild- und Gartenobst zusammengehalten, zu rechter Zeit abgenommen und gebacken, und das Winterobst fleißig eingeleget werde, wie es dann mit Dörrung, Backen und Sieden sauerer Kirschen und Pflaumen auch gehalten werden solle.

Wann das Obst gebacken oder sonsten verspeiset wird, sollen die frischen Kern unzerschnitten von allen wilden und Gärtenobst, Morellichen[247], Spillichen[248], Pflaumen, Kirschkern und Pfirschken[249] zusammen gehalten, in ein rein Faß und trockenen Sand schichtweise eingesatzt, im Keller bis gegen dem Frülinge erhalten, dann gegen den Sommertagen, sobald der Frost aufgehöret, an ein gelegenes Ort die Kern gestackt[250], die Oepfel-[251] und Birnkern aber dürfen vor Weihnachten nit, sondern erst hernacher in Sand geleget werden, dann sie sonsten allzubalde keimen[252]. Man sol die mitlerweile trucken erhalten, daß sie nit schimlicht werden, darnach mit dem Sande seen, also daraus Palzbeumigen[253] von Jahren zu Jahren zu erzeugen[254].

Kraut-, Flachs-, Hanf- und Rübenländer, Kretz-[255] und Hopfgärten belangende

Mit Fleiß anzuhalten, daß ein jeder zu rechter Zeit, wie sichs gebühret, gefälget[256] oder umbgeackert, gedünget, gerüret[257], gegraben, geseet, Flachs, Hanf und Fimmel[258] gerauft, geriffelt[259], eingeröstet[260], ausgewaschen, gestauchet, gebocket[261], gehechelt, gesponnen, gewirket und in summa ein jedes mit aller anderer Notdurft beschicket und verrichtet werde.

Desgleichen Hopfenberge oder -gärten wol gearbeitet, gestengelt[262], angewiesen[263], geblattet, gehacket und ausgeraset[264], auch zu rechter Zeit abgenommen, gepflocket[265], aufgedrocknet, zusammengetan, beschweret und die Hopfstangen zusammengetan werden mögen.

[246] Schösslinge.
[247] Amorelle = Sauerkirsche.
[248] Spille, die gemeine gelbe Pflaume.
[249] Pfirsich.
[250] Vorlage: stackt.
[251] Äpfel.
[252] Vorlage: keumen.
[253] Bäumchen zum Pelzen, d. h. Pfropfen.
[254] Vorlage: erzeigen.
[255] Gemüsegärten.
[256] umpflügen, 1. Pflugfurche geben.
[257] 2. Pflugfurche geben.
[258] der kurze, keine Samen tragende Hanf.
[259] durch die Riffel, eine kammartige Vorrichtung, ziehen, um die Samenkapseln abzustreifen.
[260] den Flachs durch Einlegen in Wasser mürbe machen.
[261] klopfen, schlagen (dasselbe wie braken).
[262] stengeln = mit Stangen versehen.
[263] den Ranken die gehörige Richtung weisen, anbinden.
[264] Gras ausjäten.
[265] pflücken.

Bienstöcke

Der Bienstöcke mit allen Fleiß warnehmen, solcher von Jahren zu Jahren mehr aufzubringen, die jungen Schwärme zu rechter Zeit zu füttern und nicht eingehen zu lassen, auch das ausgenommene Honig auslassen und das Rohst[266] zu Wachsböden zu machen, und in deme allen besten und treuen Fleiß vorzuwenden.

Hiervon besihe weiter M. Casp. Höfleis Bienen Kunst, so zu Leipzig Ao 1614 ausgangen.

Viehzuchten und Schäfereien, so nicht verpachtete, belangende

Mit Fleiß Aufsehens zu haben, daß das Viehe mit Hüten und Wartung allenthalben wol vorsehen, zu rechter Zeit gefüttert, tügliche Kelber abgesetzt, das Milchwerk an Butter und Käsen zurechte gemachet, alle Butter, auch die, so geschmelzet[267] werden sol, rein gewaschen, recht gesalzen und eingeleget und an bequemen Örtern gehalten werde.

Daß der Schäfer rätlich[268] fütter und weder er noch andere nichts verurschen[269], desgleichen, daß er sich an seiner Bestallung begnügen lasse, keine Partierung[270] und Eigennützigkeit zu suchen und gebrauchen, nicht nachgeben.

Was an Wolle, Hemmeln, an Wehr-[271] und Merzviehe[272] jährlichen zu verkauffen, vor Pfingsten zu berichten und Bescheites darauf zu gewarten, nichts desto weniger aber auch auf die Pachtleute der Viehezuchten und Schäfereien mit Fleiß Achtung zu geben, damit einen jeglichen treulichen und gebürlichen nachgegangen, Mißbrauch verhütet, und do einigen Schad, Nachteil oder Unrichtigkeit vermerkt, dasselbige müglichen[273] wenden, unverzügliche[274] berichten und keines Weges nachsehen, noch verschweigen.

Erinnerung an den günstigen Leser

Gunstiger lieber Leser, aus fleißiger Verlesung dieses ganzen Tractats befindet man so viel, daß der selige Autor seine Landgüter, als bevoraus Frankenhausen und Ponitz, seinen Schössern[275] und Amptleuten (weil er, seliger, die meiste Zeit seines Lebens an Churf. Sächs. Hofe zubringen müssen) nützlich anzustellen befohlen[276], daher sich etzliche Mal particularia oder solche Dinge, welche auf jetzo gedachte Rittersitze eigentlich gerichtet befinden. Unter allen aber bedünket mich das Folgende von der Ochsenhaltung das Vornembste zu sein, welches doch ein jeder von Adel seiner Gelegenheit

[266] Rohwachs.
[267] auslassen, zu Butterschmalz verarbeiten.
[268] redlich.
[269] verurasen = vergeuden, unnütz verderben.
[270] Anteil an der Schafherde.
[271] das Vieh, das zur Hofwehr gehört, hier die Schafe, die überwintern sollen.
[272] Vieh, das man als überzählig oder abgängig aus der Herde aussondert, ausmerzt.
[273] möglichst.
[274] Vorlage: unverzügleiche.
[275] Einnehmer des Schosses, Rentmeister.
[276] Vorlage: befehlen.

und Discretion nach zur sprießlicher Aufnehmung seines Ackerbaues wird gebrauchen könen, derwegen ich es aus den Original (derer ich mehr als eins beihanden gehabt) hierhero setzen wollen, ungeachtet, daß es in viel umbgeschriebenen Exemplarien nicht zu befinden. Welches der gönstige Leser, als wol und ihm zur Nachrichtung gemeinet, verstehen wolle.

Ochsenhaltung, an Sommerhütung, Winterfütterung und die darmit verrichtende Arbeit belangende

Zwölf Zugochsen sollen gehalten werden, sechse zu Frankenhausen und sechse zu Ponitz. Die zu Ponitz sol N. N. neben den Dreschern mit Vorlegen und Trenken, Strauen und Ausmisten, die zu Frankenhausen N. N. gleichergestalt warten. Winterzeit sollen die Ochsen in Stellen mit Gerstgebunden gefüttert, auch des Tages in Hofe neben den Kühen das vorgelegte[277] Stroh geniessen. Wann es aber gegen Liechtmeß[278] kömmet, sol inen Heckerling von Erbeis und Gerstenstroh geschnitten, sampt deroselben sie da mit Staubmeel[279] gemenget, und des Tages ein Futterhau gegeben werden.

Die Fastenzeit uber, wenn sie zu arbeiten anfangen, des Tages beneben den Heckerling dreimal Häue, damit sie desto besser[280] fortkommen mögen, und sollen jedes Orts auf sechs Ochsen funfzehn Scheffel Staubmeel in der Fasten unterzumengen gegeben werden[281].

Den Ochsenwärtern sol vor ire Mühe des Winters uber jeden ein Schöffel Korn gereicht und denn, wenn sie mit den Ochsen zu arbeiten anfangen, das Wochenlohn, wie gebreuchlich, geben werden.

Den Sommer uber sollen die Ochsen gehütet werden, zu Ponitz in Oberteiche, in Höfflers Grunde beim Teichlein; zu Frankenhausen in Großkarteichlein, auf der langen Wiesen, untern Mühlwege und zwischen der Pleisse und Mühlgraben, bei der Pfarrers Wiesen. Es sol auch an jeden Orte auf meinen Felde fünf Scheffel Brachweide, damit sie vor Erndtenzeit desto bessere Weide haben, gehegt und zu allen Ochsen ein Hirte den Sommer uber gehalten werden, welchen man in der Arbeit zum Treiben brauchen sol.

Nach der Erndte haben sie das Stoppelfeld neben den Kühen, die eingetane Hutweide und das Nachgrummet auf der langen Wiesen, auch in der Sahnwiesen und umb der von Kitzscher Teiche. Wechselweise sol man mit den Ochsen ackern, egen und fahren, als nemlich drei vormittage und so viel nach Mittag, neben einen Walachen[282], so zu Sattel gespannet, in einen Pflug, Mist-, Hau- und Getreidigwagen; in der Ruhre aber und zum Egen sollen nur zweene eingespannet werden.

Die Ochsen sol man, so viel müglichen, an einem Orte miteinander arbeiten lassen, wenn man an einem Ort einen guten Schafft getan[283], sol man den andern auch besuchen und zurechte beschicken.

[277] Vorlage: vorlege.
[278] 2. Februar.
[279] Staubmeel ist das in der Mühle zusammengekehrte Mehl.
[280] Vorlage: bester.
[281] Vorlage: worden.
[282] Wallach, verschnittenes Pferd.
[283] einen Schafft tun = etwas schaffen.

Zur Arbeit sol man Taglöhner und Treibejungen umbs Wochenlohn annehmen. Die beide aber, so die Ochsen des Winters uber warten, sollen vor Schiermeister[284] gehalten und denselben etwas an Wochenlohn zugelegt werden. Dargegen sie auch auf das Geschirr, zu rechter Zeit An- und Ausspannen, daß recht geackert, geeget und wol angehalten werde, Achtung geben und alle Tage vor vol arbeiten sollen.

Weil ich auch zweene Walachen und darzu einen Hoffknecht zu halten bedacht, der sie warten, auch Sommerzeit neben den Ochsen in der Weide gehüet und zu Sattel gespannet werden sollen, do aber zur Sommer- und Winterzeit Nässe und Schnees halben mit den Ochsen nicht fortzukommen were, sol der Hoffknecht mit den Walachen zusammen spannen und die notwendigen Fuhren beider Güter, was vorfallen wird, verrichten.

Hüner, Eier und Kapphanen[285] belangende

Auf einen Forberge sollen nach Gelegenheit ungefehrlichen ein Schock[286] alte Hüner, ein Schock oder ein halbes Kapphanen jährlichen erhalten, gezeuget, die Eier fleißig gesamlet, auch junge Hüner zur Notdurft erzogen, und zu bequemer Zeit junge und alte Hüner, Kapphanen und Eier in das wesentliche oder zufellige Hofflager angegeben und soviel man bedürffig, mehr aber nicht, uberschicket und dem Küchenschreiber gegen Zahlunge geantwortet[287] werden[288].

Salz und Mehl in Vorrat zu schaffen

Wieviel Salz zu Butter und Kese, vor die Schäferei[289] und sonsten vors Gesinde ein Jahr lang haben muß, sol zur Michaelisrechnung Bericht geschehen, damit gut dürre[290], mit Holz gesotten Salz ohne sonderlichen ubermessigen Unkosten zu rechter Zeit bestellet, in Vorrat geschaffet und an treugen[291] Örtern behalten werden möchte. Was vor Salz in der Kornblüt gesotten ist, wird darfür gehalten, daß Butter, Käse und Fleisch, so damit eingesalzen, bald madicht[292] werden sol.

Schweine, Gänse, Tauben und Enten

Schwein, Gänse, Tauben und Enten, nach Gelegenheit der Anger, Pletze, und so viel ohne sonderlichen Unkosten und Schaden zu halten geschehen kan, wird ein jeglicher fleissiger Hauswirt wol Masse[293] zu treffen wissen.[294]

---

[284] Schirrmeister, dem das Geschirr anvertraut ist.
[285] Kapaunen, verschnittene Hähne.
[286] Ein Schock sind 60 Stück.
[287] überantwortet.
[288] In der Ausgabe von 1617 folgt ein kurzer Einschub über die Gänsehaltung.
[289] Salz als Lecksteine für die Schafe.
[290] trocken.
[291] trocken.
[292] madig, verdorben.
[293] Maß.
[294] In der Ausgabe von 1617 Einschub über die Taubenhaltung.

Hütung und Trift belangende

Über Hütung, Triften und Treiben den alten Gebrauch nach halten und keine Neuerung, Umbreißen der alten Laiden[295] noch ungebührliche und unordentliche der Felderversehrung[296], auch Verhauung der Hölzer, deßgleichen ungebreuchlich Hegen und Sömmern[297] den Leuten nicht gestatten und nachgeben, sondern alsbalde solches berichten und anzeigen, auch nicht den Leuten und Gärtnern[298] über vorigen Gebrauch die Viehehütung auf den Forbergsfeldern nachgeben, noch keinen Gärtner mehr, als er befugt, Viehe halten lassen.

Frohn, Lohn und andere Dienstbarkeit, auch gemietet Gesinde belangende

Alle Frohn- und Lohnfuhren, und andere Dienste an Ackern und Egen, auch die verdiengte Arbeit, wo die zu halben oder ganzen Tagen, in welche Arten desgleichen die Handfrohnarbeit und was[299] zu jedes gebraucht worden, ordentlich und unterschiedlich zu beschreiben und Register darüber zu halten, auf die Fröhner und Arbeiter, auch eigen gemietet Gesinde mit Fleiß sehen, damit sie treulich arbeiten, tügliche Pferde und Gesinde haben, auch zu rechter bequemer Zeit sonderlich die Pflug- und Handfröhner bestellet und gebraucht, mit der Sonnen Aufgang anfahen, nit über 2 Stunden Mittag machen und nach der Sonnen Niedergang von der Frohnarbeit aufhoren, also zu tüglicher Arbeit, Fröhner und andere Arbeiter, desgleichen alles Gesinde anhalten, und mehr Fröhner nit, denn man zur Notdurft haben muß, auf einmal bestellet und gebraucht, noch sonsten mehr Gesindes an Knechten und Mägden, denn man notwendig bedürftig und nichts uberlei, so man entraten kan, gehalten werden sol.

Geld-, Getreidig- und andere Rechnung belangende

Wie viel Schock jedes an Sommer- und Wintergetreidigs erwachsen, gesambt in Rechnung zu verschreiben und ordentliche Register zu halten, wie viel wöchentlich an Schokken ausgedroschen, wie viel Scheffel wöchentlich Ausgedreitig[300] aufgehoben, was zum Samen hingeschüttet, was den Dreschern zu Lohn worden, nicht allein an die Kerbhölzer (so die geschwornen Drescher und Seer halten sollen) anschneiden lassen, sondern alsobald registriren und verzeichnen. Das Zinsgetreidig in die Einnahm zubringen. Einerlei Maß in Einnemen, Aufheben und Wegmessen des Getreidigs haben und brauchen.

Was an Scheffeln ausgeseet und wieder auf die Böden kommen, in Messen, in Auf- und Abtragen und Ausseen des Samens, keinen Vorteil suchen noch gebrauchen, sondern sich aller Eigennützigkeit und Untreu enthalten, auch andern nit gestatten, weme

---

[295] Lehden, unbebautes Land.
[296] Beschädigung der Ackerweide.
[297] Sömmern heißt, die Brache mit Sommerkorn oder Gemüse zu bestellen.
[298] Gärtner sind die sächsischen und schlesischen Kossaten, Kleinbauern.
[299] Vorlage: wahr.
[300] ausgedroschenes Getreide.

auch, wann und wie teuer das Getreidig verkauft oder ausgelassen, zu ordentlichen Registern bringen.

Es sollen auch alle Nützung unterschiedlichen in Rechnung gebracht, und wo die retardata (sonderlich am Gelde) haften, auf treulichste gesatzt werden.

Alle Stücke in der Haushaltung, an alten und jungen Kühen, Kälbern und gelten[301] Viehe, und in was Alter ein jedes sei, item Ochsen, gezogene und gekaufte, desgleichen Schafe, Pferde, Butter, Kese, Kraut, Ruben, Möhren, Hau, Grummet, Geströde, und alles andere, wie in der Haushaltung es sein mag, auch was zu den Gebeuden an allen Vorrat geschafft, unterschiedlich und richtig in ordentliche Capitel, Einnahme und Ausgabe, gesetzet werden, damit man eigentliche Nachrichtung haben könne. So sollen auch neben den Gelde- und Getreiderechnung richtige kurze Auszüge gemacht, auch bestendige Inventaria und Verzeichnüs eigentümblicher Güter allezeit neben der Hauptrechnung ubergeben werden.

Mälzen, Brauen und das Mastviehe belangende

Wieviel Malz gemacht, wenn man zu brauen anfahen wil, Mastviehe an Schweinen und Ochsen aufgelegt werden sollen, vor Bartholomaei[302] zu erinnern und Bescheids darauf zu erholen und dann alles richtig anzustellen[303].

Gebeude und jährliche Besserung[304] belangende

Auf die Gebeude, daß dieselben in Dach und Fach und notwendiger Besserung gehalten werden, fleißig Aufsehen zu haben, das Holz, Steine Zigeln, Schindeln, Dachschäbe[305] und andern Vorrat zu bequemer Zeit und Gelegenheit zu schaffen und machen zu lassen; was man für Holz und andern Vorrat zu den Gebeuden bedürftig, damit es zu rechter Zeit gefellet, zu Winterszeit bei guten Wegen und müssigen Tagen zurecht geführet und geschaffet werde, Erinnnerung zu tun.

Dasgleichen auch auf die Brücken, ordentliche Wege und Stege Achtung zu geben, daß solche gebessert und nicht gestattet werde, frembde, neue Wege zu suchen und die Wege aufs Feld oder Wiesen zu legen und auszufahren. So sol auch auf andere Besserung an Wasserwiesen, Ufern, do es pfleget zu reißen, Tämme[306] oder Zeune zu machen, wo es vonnöten, damit es alles zu rechter Zeit angericht und gebessert, jährlich Satzweiden[307] gestackt[308], wenn sie auslaufen, oft abstreifen und an den Ufern weidene Stiefte[309] eingestackt, Schleufreiser[310] eingelegt, recht vorwaret, gegen und vor Winters

[301] geltes Vieh ist nicht milchgebendes Vieh.
[302] 24. August.
[303] In der Ausgabe von 1617 folgt hier ein Einschub über das Brauen und ein Hinweis auf «Justi Stengeln Bierkunst. Anno 1616 gedruckt».
[304] Ausbesserung.
[305] Strohbündel zum Dachdecken.
[306] Dämme.
[307] Weidenstecklinge.
[308] gesteckt.
[309] Weidenpfähle.
[310] eingeflochtene Weidenreiser.

aber, wo es sehr in die Wasser gewachsen, und die alten Stöcke, damit Schut und Eiß in Wasserflüssen nicht daran hangen, das Wasser schwelle und anderswo mit Schaden Ausbruch gewinne und die Ufere einreisse, sol es ausgehauen und gereumet werden, damit so viel müglichen, Schaden vorkommen[311] und Nutz geschaffet werde, so sol jederzeit davon neben ausführlichen Bericht ein Anschlag, was ein jedes kostet und man am allernotwendigsten bedürfen würde, uberschicket und Befehlich darauf erwartet und dann verrichtet werden.

Holzung belangende

Zu rechter Zeit Scheid[312] und Holzgebund zu brennen, brauen und mälzen hauen, rechte Scheid und Gebund, nicht zu groß, auch nicht zu klein, allermeist von dürren Bäumen (wo die vorhanden), zu Brauscheiten machen lassen. Item fleißig Aufsehen haben, damit ordentlich Hau[313] gehalten und tügliche Loßreiser[314] stehen bleiben, das Buschholz rein und niedrig gehauen, die jungen Haue balde gereumet, zu guten Wege geleget, damit durch das Führen[315] den Sommerlatten[316] kein Schade zugefügt werde. Das Feuerholz und einen jeglichen sein Scheidholz förderligsten Gelegenheit nach zu rechte führen lassen. Sonderlich Achtung zu geben, daß die Schäfer, noch[317] niemand in die Sommerlatten gar nicht hütten, Bast scheelen[318], Laub striffeln[319], Moß rechen[320] nicht gestatten noch nachgeben. Das lindene[321] Bast vorkauffen und die Gräserei in Holze vermieten und in die Rechnung bringen.[322]

Weidewerk belangende

Mit Jagen, Hüner-, Hasenfangen und in Schnee auszugehen, item Vogelfang mit den Keuzigen[323], in Dohnen[324], mit den Nachtstreichen[325], Enten schiessen ect. fleissig anzuhalten. Den Jägern, so mit nach Hasen gehen müssen, befehlen, daß recht mit den Sachen umbgangen werde, und daß die Netze durch Nässe noch sonsten nicht Schaden nehmen, sondern fein auf- und zusammengehenket, und daß die bösen ausgebüsset[326] werden, mit allen Fleiß Aufsehen zu haben. Item bei den Untertanen zu bestellen, daß keinen Frembden, wer er auch sei, hetzen, jagen, Hüner und Lerchen fangen, noch

[311] verhüten.
[312] Scheite.
[313] Hieb, Schlag (im Forstwesen).
[314] Reiser oder junge Stämme, die auf einem Gehau zur Fortpflanzung stehen bleiben.
[315] Fahren.
[316] Sommerlatte ist ein junger, in einem Sommer gewachsener Zweig, Schößling.
[317] Vorlage: nach.
[318] Bast schälen.
[319] Laub streifen als Futter oder zur Kompostbereitung.
[320] Moos rechen, um es als Dünger zu verwenden.
[321] Bast vom Lindenbaum, den man zum Flechten benutzte.
[322] In der Ausgabe von 1617 kurzer Einschub über Reifstäbe.
[323] Käuzchen (als Lockvogel).
[324] Schlingen zum Vogelfang.
[325] Vogelfang mit Netzen in der Nacht.
[326] ausbessern.

einig Weidewerk zu treiben auf meinen und der Leute Grund und Boden gestattet und nachgegeben werde.

Daß auch des Schäfers Hunde allzeit Knebel[327] tragen, damit sie in Holze nicht streichen[328] können, anweisen und verschaffen[329].

Teiche, Kälter[330] und Fischwasser belangende

Teiche, Hälder, daß die mit guten Stendern[331], Rechen[332] auch sonsten an Tämmen[333] wol verwaret, vollgehalten, zu rechter Zeit besetzet, Winterszeit zu recht (auf den Flechen, und nicht da der Fisch sein Lager hat) aufgeeiset, und daß[334] sie in Fluten nicht Schaden nehmen, aufzusehen. In Fischwassern und Bächen niemands zu fischen, krebsen[335] nachzusehen[336], auch die vermieteten Wasser pfleglichen zu geniessen und nicht zu verwissen[337] aufzusehen.[338]

Müller, Schäfer und Hoffmeister belangende

Daß auch die Meel- und Ölmüller, die Schäfer, Hoffmeister, Schleiffer, Waffenschmiede und andere mit den Sachen recht umbgehen und ihren Pacht gebürlichen nachsetzen, Achtung zu haben.

Feuer und Liecht belangende

Auf Feur und Liecht zu jeder Zeit und aller Orte, do man mit Feuer und Liecht umbzugehen pflegt, fleissig Aufsehung zu geben, gewehrlichen[339] damit umbzugehen, den Gesinde hierinnen nicht zu viel zu vertrauen, noch auf sie zu vorlassen, sondern aller Dinge selber aufzusehen, die Feueressen reinhalten und oft reinigen lassen, damit sich kein Ruß anhenge, mit keinen Schleißspenen[340] in die Stelle[341] gehen, sondern Unschlittliecht[342] in Laternen brauchen, auch so viel müglichen Feuerschäden (daß Gott gnediglichen vor behüten wolle) nicht verursachet und durch Unfleiß Verwarlosung geschehe. Es sollen auch die Leitern und Feuerhacken an bequeme Örter geleget, und

[327] Knüppel, die den Hunden umgehängt wurden, um sie am Streifen zu hindern.
[328] Vorlage: streicken.
[329] In der Ausgabe von 1617 kündigt JUGEL an, daß er künftig ein Werk in 4 Büchern über den Vogelfang veröffentlichen wolle.
[330] Kälter, Hälder = Fischkasten, kleiner Teich.
[331] Ständer = Fischkasten.
[332] Reusen.
[333] Dämme.
[334] Vorlage: da.
[335] Krebse fangen.
[336] erlauben.
[337] verwiesen, zur Wiese werden.
[338] Die Ausgabe von 1617 hat hier einen kurzen Einschub über den Fischfang.
[339] vorsichtig, behutsam.
[340] Leuchtholz, Kienspäne.
[341] Ställe.
[342] Talglicht.

do ihr nit gnugsam vorhanden[343], förderlichst zur Notturft jedes Ortes vorfertigen lassen, in fürfallenden Nöten zu gebrauchen.[344]

Zum Beschluß

Die Tor und Türen sonderlich unter den Malzeiten, des Abends und Nachts verschlossen zu halten, fremde Leute und Boten nicht in die Gesindestuben lauffen und sich allda aufhalten, sondern am Tore warten oder in die Schenke gehen lassen, und den Hof zu verwahren und aufräumen zu lassen, Wagen und andere Geschirr ins Trockene zu schaffen, daß nit eines hie, das andere dort liege und henge, sondern an allen Örtern keine Unrichtigkeit, und an notwendiger Besserung nichts erwinden lassen, auf daß Ordnung gespüret und Schaden vorkommen[345] werde.

Was auch hierüber jederzeit umb jedes Ortes Gelegenheit nach anzustellen und zu verrichten, wie es denn alles nottürftiglich nicht mag oder kan erinnert und verkleret[346] werden, solches wird ein getreuer, fleissiger Hauswirt warzunemen und zu verrichten wissen.

Von Ackerbau

Von Ackerbau in gemein, wie der in allen am nützlichsten angestelt und erhalten werden möge, und was darbei zu bedenken, folget einfeltiger, gar kurzer Bericht.

Ein jeglicher Ackerbau, so da nützlich und austräglich sein und bleiben sol, der muß eine solche Größe haben und also eingeteilet werden, daß man denselben in der Besserung mit Düngen und Pfirchen notdürftig erhalten und in aller Arbeit zurecht tüglichen beschicken und anrichten könne, wie denn nach Gelegenheit[347] des Wiesewachs, Gräserei und Trieften, Schäfereien und Viehezucht hierauf Rechnung gemacht werden kan, und ist von einem ziemlichen[348], wol angerichten Ackerbau zwei oder wol drei mal mehr Nützung, also von einem großen, weitleiftigen[349] Ackerbau[350], deme nicht geholfen und mit Arbeit sein Recht geschehen und getan werden mag, zu nehmen Virgilius: Laudato ingentia rura; Exiguum[351] coltio. In summa, ein jeglicher fleissiger Hauswirt, der muß eigentlich Nachdenken haben, wie es jedes Orts Gelegenheit nach die Notdurft der Besserung mit Mist und Pfirch erfordern wil, in gemein aber findet sich, daß in sechs Jahren aufs Lengste, oder nach Gelegenheit der Felder in fünf Jahren, auch wol in dreien Jahren dem Felde mit Tüngen oder Pfirch sol und muß geholfen werden, und daß ein solcher wolangerichteter, zu rechter Zeit gearbeiteter und beschicketer Acker (wie denn an täglicher Arbeit nicht wenig gelegen) viel nutzbarer und zuträglicher sei,

---

[343] Vorlage: verhanden.
[344] Die Ausgabe von 1617 hat hier einen kurzen Einschub mit Warnung vor Feuergefahr bei Festen.
[345] vorkommen = einer Sache zuvorkommen, etwas verhüten.
[346] verkleret = erkläret.
[347] Vorlage: Gelengenheit.
[348] richtig.
[349] weitläufig.
[350] Vorlage: Acherbau.
[351] Vorlage: Exigaum.

wie auch vorgemelt, als ein weitleiftiger, uberleier[352] grosser Ackerbau. Denn es gehöret auf einen Ackerbau zimlicher Grösse, und zwar auf jegliche Art Ackerarbeit, viel Unkosten, Führen[353] und Handarbeit, deßgleichen Samgetreidigt, wie auf einen gar grossen und weitleuftigen Ackerbau, da nit allein mehrer Aufwendunge, sondern auch alles mit großen Unkosten geschehen muß, und doch nicht allerdinge wegen der Grösse und Weite zu rechter und bequemer Zeit, wie sichs wol gehöret, angestellet, verrichtet, die Fröhner und arbeitende Leute zu tüglicher Arbeit angehalten werden können, daß also oftmals etwas verseumet und durch eingefallene Ungewitterung an Aussen und Einernden des Getreidigs Schaden erfolget. So können auch alle Felder bei einem gar grossen Ackerbau mit nottürftiger Hülfe in Würden nicht erhalten werden, daß letztlich dieselben den Unkosten und Aufwendung nicht ertragen mögen. In summa, der Ackerbau berühret fürnemlich, neben Gottes Segen und Gedeien, auf zweien Gründen, als gebürlicher Zeit Hülfe[354] und tüglicher Arbeit.

Weil dannn nach Anzahl der Schaff- und Viehehaltung die Grösse des Ackerbaues umb des Tüngens und Pfirchens willen angestellet werden sol, so wird es dafür gehalten, auch in Erfahrung befunden, daß, wo 40 Kühe und 1000 Schafe mit nottürftiger Gräserei, guter Hütung, Trift und Winterfütterung zu halten, jährlich 400 Scheffel Feld[355] Dreßnisch Maß, ungefehrlichen, auch wol etwas mehrers, nachdem das Feld ist, mit Tüngen und Pfirchen in Würden zu erhalten sei, und würde also die Grösse des Ackerbaues in 3 Feld 600 Scheffel Feld nach Dreßnisch Maß, nach Zwickischen[356] 400 sein und erhalten werden können. Wo nun noch so viel Schafe, Kühe, Rindviehe oder Ochsen gehalten werden, ist der Ackerbau auch noch so groß anzustellen, und deme könte zur Notturft sein Recht in aller Bestellung geschehen, so wird es auch die Erfahrung geben, daß es auf die Wege am nützlichsten und austreglichsten sei. Und ist bequem, die weitesten Felder zu pfirchen, damit der Mist mit Unkosten nicht weit ausgeführet werden darf. Derentwegen, wo ein weitleuftiger Ackerbau ist, denket ein vorsichtiger Hauswirt, wie er solchen kan recht zu Nutze bringen, entweder, daß er der Orte noch ein Forwerg anrichte, oder der Felder etliche auslasse umb Zins, erblich oder anders. Ob er nach Landart könne mit Sträurechen[357] fortkommen, da man vor den Hölzern grosse Gruben machet, Moß und Tangel[358] und Eichenlaub darein bringet und faulen lesset, hernacher auf die nähren Felder führet. Denn oftmals der Moß schadet, daß der Fichten- und Tannensamen sich nit begreiffen und jung Holz bringen kan, da hergegen, wenn der Moß hinweg, dieser Samen in der Erden haftet und das Gehölze sich wieder bestocket und der verfaulte Moß den Acker dünget; das Puschholz auch, wenn es voller Laub lieget, bringt wenig Gras.

So tüngen auch den Acker sehr wol die Sägespäne von den Schneidemühlen und wird

---

[352] übermäßig.

[353] Fuhren.

[354] Hilfe durch Düngung.

[355] Die Flächen wurden nach Scheffel Aussaat berechnet, wobei leichterer Boden weniger dicht besät wurde als fruchtbarer. Ein Scheffel Aussaat konnte also jeweils eine größere oder kleinere Fläche sein.

[356] Man unterschied in den Scheffelgrößen lokale Maße, zum Beispiel Dresdnische und Zwickauische Scheffel.

[357] Zusammenrechnen von Laubstreu.

[358] Tannadeln.

der Acker gar milde davon; dieses tun auch die Walkhaar von den Walkmühlen[359] der Gerber und Tuchmachern. Etliche halten darfür, die Segespeen sollen in Äckern sehr säuren.

So hat man an andern Orten den Morgel[360], welcher in den zähen und leimichten[361] Feldern mehr Gutes tut als aller Mist, also do in 20 Jahren das Feld einmal mit Morgel gedünget worden, es sich milder und besser beschicket, als die nechst daran gelegene Felder ohne Morgel.

Man findet aber Morgel fast allezeit, wo Sümpfe vertrocknet und mit Erden verschlemmet worden sei. Die Orte geben gar einen schweflichten, stinkenden Geruch, wenn der Tau einfellet oder nach der Dürre es zu regnen pfleget, wachsen gemeiniglich daselbst Pinzen[362], die Weiden wachsen auch auf solcher Städte höher und fetter als an Nebenorten. Man kennet den Morgel auch, wenn in den Wiesen die Maulwurfserde voller kleiner Schneckenheußlein ist und das Gras gar dünn wechset, obschon die schwarz und gut scheinet, dann der Morgel verderbet das Graß, daß es wenig und sauer wechset, darumb liegt in den sauren Wiesen auch gemeiniglich Morgel.

So hat man umb Zeitz dazu die Morgelbohrer[363], damit man erkundiget, ob Morgel verhanden oder nicht, wie tief der Morgel verschütt und wie dicke er liege, und was vor Art er sei, damit kan man ohne sonderliche Mühe leicht erkundigen, ob Sand, Leim[364] oder Stein in der Täuffe[365] zu finden. Do man Morgel findet, wird er ausgeworfen auf Hauffen, auf daß, wo er noch naß, ertrockne, besser an Kraft und leichter zu führen werde. Etlicher ist gering, etlicher sehr gut, daß man ihn auch kaum Samens dicke auf die Felder bedarf.

Es wechset nach dem Morgel ein köstlich Getreide, rein am Geströde (denn er vertilget alle Quecken), großkörnigt, liecht und meelreich an Körnern, und becket und breuet sich wol. Aber in die Hopfen- und Weinberge taug er nicht, er verderbet alle Stöcke; in sandichten Acker ist er auch nicht viel nütze.

Umb Quedlinburg pfleget man auf die weit entlegene Felder Erbeiß zu seen und wenn die anfahen zu blühen, so ackert man sie unter, davon wird der Acker fett und milde.

Umb Merseburg sömmern die Erbeiß, daß man hernacher bald und stark tüngen muß. Umb Zeitz das Widerspiel[366], etliche geben es dem Felde, etliche der besondern Art Erbsen die Schuld.

So ist auch mancher Landart nach der weit entlegene Acker besser zu nützen, so er mit Holz beseet wird, es sei Pusch- oder Bauholz, denn darauf darf man keine Arbeit wenden. So kan das Fichten- und Kiefernholz in 40 Jahren und eher zimliche Bauhölzer geben, die auch viel gelten; so sein die Haselstauden leicht zu zeugen und gelten die Reifstecke[367] auch ihr Geld; so gibet es oft an solchen Orten Morgel zu vorkaufen, es gibet Sand, Ton, Leim, Steinbrüche zu Mauren und Kalk zu brennen, welche alle

[359] Mühlwerk, in dem Tuche durch Stampfen zusammengefilzt werden.
[360] Mergel.
[361] lehmig.
[362] Binsen.
[363] Vorlage: Morgelbehrer = Mergelbohrer.
[364] Lehm.
[365] Tiefe.
[366] Gegenteil.
[367] biegsame Holzstäbe, aus denen man Reifen für die Fässer machte.

nach Landart zu nützen sein, und oft ein Steinbruch besser zu nützen als eine oder zwo Hufen Landes.

An etlichen Orten sticht man Rasen, bringet sie zu Haufen, lesset sie uber Jahr liegen und führet darnach solches in die Äcker, welches in sandichten und steinigten Äckern, und da der Grund seichte, sehr vorträglich ist. Auch in die Hopfen- und Weinberge, denen das Erdreich entgehet, und do zu öberst in den Bergen die Stöcke sehr entblösset werden.

Wo man Teiche hat, kan man mit dem Schlam auch viel ausrichten. Und do an etlichen Orten umb die weiten Felder die Gelegenheit es giebet, Teiche anzurichten, mag man dieselbigen nicht allein umb des Fisches, der jetzunder sehr teuer, sondern auch umb des Ackerbaues willen hoch achten.

Die Düringer meinen, wenn sie in ihre Äcker solten Asche bringen oder Urseln[368] aus den Brauheusern, ihre Felder verdürben davon, und würde aller Weizen brandicht, da doch die zähen und leimichten[369] Felder am besten damit gezwungen werden.

So kömpt auch der Brand, der die Ähren verdirbet, nicht von der Asche, sondern aus der Luft und Tau des Himmels. Und da man sich des Brandes befahret[370], giebet die Erfahrung und Vernunft, daß der alte Weizen, in abnehmenden Monden geseet, am wenigsten brandig werde, doch do man zu dürrer Zeit solchen seet, muß man ihn zuvorn netzen und ihn seen; was er gequollen, desto dickerer werfen.

Die Wiesen werden gebessert, erstlich mit Wessern, davon man doch in ebenen Landen wenig weiß, ist den dürren Wiesen am besten.

Hernacher pfleget man Asche, Taubenmist, Hünermist und andern kleinen Mist einzustrauen, welches nassen, ebenen Wiesen gut; etliche pflegen auch mit Pfirchen den Wiesen zu helfen.

Wo die Wiesen sauer Graß bringen, ist am besten, wo man die Feldfluten darein bringen kan, fornen einen Stichrasen[371] vorzusetzen, auf daß das Wasser in den Wiesen sich etwas tämme und die Wiesen sich besser aussetzen und hernacher truckener[372] werden, denn das sauer Graß wechset nur, wo die Wiesen zu naß sein. Doch muß man auf die Gelegenheit Achtung geben, ob man Winter- und Sommerfluten zugleich ohne Unterschied darein lassen darf oder nur die Winterflut, daß sie das Gras, wo sie zu stark, nit verderbe. Wenn die Flute die Wiesen eines Rasens hoch ersetzet, so setzet man noch einen Stichrasen vor etc.

An etlichen Orten kan man die Wiesen mit tieffen Graben durchfahren[373], dieselben mit Feldsteinen füllen und oben mit Rasen wieder zudecken, so fleust[374] auch das sumpfigte, sauer Wasser abe, wie man in den wassergallenden[375] Äckern, da Winterzeit das Getreide leicht erfrieret[376], auch zu tun pfleget.

Aber hiervon wissen die Einwohner in ebenen Landen wenig, können diese Ding auch nicht leicht zu Nutz bringen.

[368] Abfälle, von 'urasz, n, m = Überbleibsel von Speise und Trank.
[369] lehmig.
[370] befürchten.
[371] Damm aus Grassoden.
[372] trockener.
[373] durchziehen.
[374] fließt.
[375] quellige Stelle im Erdboden.
[376] Vorlage: erfreuret.

Es ist auch unterschiedlichen geschehen, daß in dürren Herbste die mosichten, unfruchtbaren Wiesen sein durch Unachtsamkeit der Hirten angezündet und das Moß ausgebrand worden, und haben hernach die Wiesen sehr wol und gut Kleegras gebracht, welches ein fleissiger Hauswirt auch wird nach Gelegenheit anzustellen wissen und bißweilen solchen Brand mit Reiß[377] oder Stroh zuhelfen. Als man auch im Gebirge die Reuten[378] brennet und unter ander gemein Korn und Stockkorn, so aus Polonia gebracht, zu seen pfleget, welches hernach ohne andere Beschickung[379] zweimal einzuernden giebet in zweien unterschiedenen Jahren.

Daß aber etliche die Felder mit Brandschut tüngen[380], taug nichts, denn der gebrandte Leim wird uber Winters im Froste wieder lebendig und verderbet das Feld mehr als zuvor, ob es schon einen Sommer gut tut.

Der Schut aber, er sei brandig oder nicht, von alten Wenden, als man in Düringen aus Pörschel[381] und aus gemeiner Erden ohne Leimen zu machen pfleget, der ist sehr gut in die Felder, Gärten und Wiesen wegen des Salpeters, der drinnen gewachsen und die Felder auf das Köstlichst tünget.

Umb Merseburg und anderswo hat es schwarz Feld, das wird bisweilen weiß, als ob es mit Mehl besträuet were, welches die Einwöhner Salpeter-Erdreich nennen, ist aber nichts, ob es schon dem ehnlich sihet, der aus den Salpeterbergen oder -wenden in den Salpeterhütten wechset und abgeschabet wird. Denn so derorte der Salpeter so dicke im Felde wüchse, were es gut in die Hütten, welches doch nichts ist. So kennet man dieses weisse Mehl auch am Geschmack, welcher bitter und kalkigt und hitzig, da hergegen der Salpeterschmack eiskalt ist. Ist derentwegen dieses weisse Mehl in den Feldern von Kalk, welchen die Salpetersieder auch finden und nennen es den Schalk[382], und muß vom Salpeter gescheiden werden.

Die Gärtner halten darvor, wenn sie in Gärten solch Salpetererdreich (wie sie auch es nennen[383]) finden und die Gärten mit Pferdemist tüngen, so vergehe diese Unart davon, welches einen jeden die Erfahrung lehren mag, der es versuchen wil.

Kürzlichen beschrieben, wie der Ackerbau uber Sommer und Winter
in alle gebreuchliche Arten nach gemeinen Lauf angestellet und beschicket werden soll

Anfenglichen und für allen Dingen aber jedes Orts Gelegenheit wol war zu nehmen, vonnöten ist, als ob der Ackerbau hoch, tief, in einer Auen, trocken oder naß, an der Sommer- oder Winterleiten[384], gegen Morgen oder Mittag gelegen? Item, wie der Boden? Gutes Erdreichs, leimicht oder steinicht, und ob er sandicht oder tief, auf bösen Erdreich zu ackern sei? Nach dem allen muß ein Hauswirt sich richten und darnach zutüngen und die Hülfe des Felds nicht zu dicke, noch zu dünne, und zu rechter Zeit;

---

[377] Reisig.
[378] ausgereutetes Stück Land.
[379] Beackerung.
[380] Vorlage: mit Brandschüttungen.
[381] Porsch, Porst = Rohr, Schilf.
[382] Knecht, hier im übertragenen Sinne für Kalkmehl.
[383] Vorlage: nemen.
[384] Nordabhang.

auch die Bete[385] nicht zu breit oder schmal, sondern fein keulicht[386] und rund, nicht zu klein noch zu groß, seichte oder tief die Furchen zu ackern, alles zu rechter Masse nach Befindung des Bodens, fleißige Anstellung tun, daß sonderlich das nasse, flache, tiefe, in Auen gelegene Feld zu der Zeit, wenn es dürre, im Felde ausgeackert, die Bete klein, keulicht und wol erhoben sein müssen[387].

Ackerarbeit, die Wintersaat belangende

Die erste Art[388], das Brachen genant, die Brache, welches die schwerste Art zur Wintersaat ist, weil das Feld durch dieselbe erstlich gewonnen und gebrochen wird, sol geschehen, wenn die Winterfeuchtung wol aus dem Felde ist, und aufs Lengste zu rechter Zeit des Brachmonats[389], und do es einmal dürre gewesen und wieder geregnet hat, wie es denn pfleget zu geschehen, alsbald nach einem Regen, nicht mit uberlei grossen noch neuen Pflugscharen, damit nit grosse Stücke oder Schollen, sonderlich in schweren, guten Felde, und so es hart ist, gebrochen.

Es sol aber ziemlich tief, doch nicht auf wild und böse Erdreich geackert und ziemlich Förche[390] genommen, wol an und zusammen geführt, daß keine Balken bleiben werden, denn wenn die Brache recht geschicht, so folgen darauf gute Jahrarten[391], und wird für halbe Tüngung gehalten und gerechnet. Man muß sich aber am meisten nach Losung und Witterung des Jahres mit zeitlichen Brachen richten. In nassen Jahren ist zeitliche Brache nicht gut, Ursache, dann das Feld durcheinander schwimmet und wiederumb bald beraset und queckigt wird. Derer zu zehen, rässigen[392] Feldern muß man beizeiten brachen, nicht tiefe Furchen führen, sonsten bleibet der Acker ganz; wenn man im letzten Viertel des Monats brachet, so faulet es wol und beraset nicht balde.

Die andere Winterart, das Rühren oder Wenden

Diese andere Art sol auch zu rechter Zeit, wann sich der Brachacker erlegen, und wann es trocken im Felde, der Mist darauf geführt und fleissig zugleich gebreitet worden ist und sich wol gesetzet hat, ehe es grün und rasicht wird, in trockener Zeit bei Sonnenschein geschehen, zimlich seichte, daß nur der Mist hienunter kommen, und nicht so gar tief, sonst wird der Mist versenket und kan auch zur Saatart nicht untergriffen[393] werden. Der Schafpfirch sol allewege, wann ein Gewende[394] mit einer Stal-

---

385 Ackerbeete, Hochäcker.
386 kugelig, rund (Kaule = Kugel).
387 Hier erkennt man, daß die Hochäcker eine Form der Dränage darstellen.
388 Pflugarbeit.
389 Juni.
390 ziemliche Förche = richtige Furche.
391 die verschiedenen Pflugarten des Jahres.
392 rasig.
393 Der Mist soll dicht unter der Erdoberfläche, in halber Furche, bleiben. Vergleiche nächsten Abschnitt!
394 Pflugabschnitt.

lung hinaus gepfirchet, seichte, wie der Mist, umbgerüret werden, damit er nicht zu sehr verrase oder vergehe, oder von Regen weggeflutet[395] werde. Wenn die Ruhre also geschehen und der Acker vor der Saatzeit grunen wolte, sol man mit guten, scharfen, eingreiflichen Eggen[396] den[397] Ruhracker fleissig einegen, wie auch sonsten, ehe man zur Saat ackert, allezeit vonnöten (damit die Furchen fein eingezogen, der Mist und das Graß zerrissen werde), solches gibt hernacher wol gleich zu ackern und eine gute Saatart. Wenn aber viel Nässe im Felde vor der Saatzeit, daß es sehr rasicht und queckigt wird, pfleget man oft noch eine Art zu tun, die wird gebalken, -streift, geschroten oder gehocket genand, die sol auch in trockner Zeit geschehen, darzu ist der Hockenpflug[398] zu den Reinen in Balkenstreifen[399] sehr gut. Und man sol das Feld nach den Balkenstreifen nicht bald einegen, sonsten zeucht sichs sehr zusammen, sondern wann es fein ausgetreuget, so viel müglichen, auch in trockener Zeit egen, so vergehet das Graß, und die Quecken kommen aus den Äckern.[400]

Die dritte Art zur Wintersaat

In nassen[401], wilden, flüssigen[402] Feldern an Winterleiten[403] gelegen, deßgleichen zu den andern geringen und ungetüngten Feldern sol zur Saat zeitlich und zum wenigsten ein 14 Tage zuvor, und ehe man seen wil, aufgeackert werden, darumb daß sich der Acker wol setze und der Samen im Seen nicht verfalle und sichs desto besser ege, sonsten pflegt sichs gar eben mit den Egen in einander zu ziehen, wenn aber der Acker erlegen, giebet oder gewinnet es einen guten Krumen und Brosen[404] und wird feinklösig. Es muß diese dritte Art zur Saat also tief gleich der Brache geschehen, so kömpt der Mist und Pfirch, wann er seichte untergerühret gewesen, zur halben Furche vermenget zu rechter Tünge[405] und beschickt sich ubers Winters desto besser.

Im guten Felde, wo es getünget oder sonsten an Sommerleiten gelegen ist, sol mans ungefehr sechs oder acht Tage zuvor aufackern, ehe man seen wil, denn es setzt sich balde, wird auch ehe trocken und bekömmet stets besser Brosen oder Krumen denn in geringen Feldern, Erbeis- und Wickenlender. Wenn dasselbige Getreidig hinweg und das Graß von Viehe abgefressen und rein abgehütet worden ist, sol man es alsbalde seichte umbackern und in trockener Zeit wol einegen, damit die Rasen und Quecken verdorren. Sind die Äcker wild und rissig, kan mans balkenstreifen, oder wo es gebreuchlichen,

---

[395] Vorlage: Weggeflütet.
[396] Vorlage: Erden, soll wohl heißen Eiden = Eggen.
[397] Vorlage: der.
[398] Hockenpflug, Hakenpflug, Ruhrhaken, Hocke, zum Querpflügen.
[399] balkstreifen nennt man ein Pflügen, bei dem zwischen 2 Furchen ein Streifen ungewendeten Bodens liegen bleibt.
[400] In der Ausgabe von 1617 folgt hier ein kurzer Einschub über das Wenden.
[401] Vorlage: inmassen.
[402] abschüssigen.
[403] Nordabhang.
[404] Krume.
[405] Düngewirkung.

schrotten[406]. Zur Saat muß es dann untergriffen und fleissig mit kleinen Furchen geackert werden, und da es vonnöten, jedem grob schollichten, queckichten und unbendigen Felde geschehen muß, ehe mans seet, fleissig einegen, damit der Same nicht verfalle, darauf alsdann seen, und das Getreidig recht unteregen.

Von Samen und Zeit des Seens uber Winters

Ein jeglicher Samen, der aufm Boden dünne geschüttet und wol gedörret, darf zimlichen dicke geworfen werden, doch nach Gelegenheit des Getreidigs, wie samicht[407] es sei, und wie solches auch der Acker haben und tragen wil. Ein gut und gedünget Feld, sonderlichen das, so an Sommerleiten gelegen, darf nicht so viel Samens haben, als ein ungedüngtes, Ursache, das in guten und gedüngten Felde staudet[408] wegen der Werme sehr umb sich, und ein Körnlein stocket[409] und giebet viel Stengel[410], aber in geringen, nassen Felde, und was an Winterleiten gelegen, staudet es nicht so sehr, muß viel ertauren[411], bringet ein Körnlein[412] nur einen Halm oder Stengel und nicht viel drüber, und gehet Winters- und Fastenzeit durch Schnee, und so es durch den Frost ausgezogen wird, viel zu Boden.

Wann aber uber Winters geseet werden sol, muß man sich nach der Zeit und jedes Ortes Gelegenheit und besorgens[413] des anfallenden zeitlichen Winters richten. Das Felt an der Winterleiten, und was sonsten geringe und naß leit[414] und ungedünget ist, muß etwas viel ehe und dicke geseet werden, als das, so gut oder an der Sommerleiten gelegen, damit es noch bei warmen Tagen sein Ankommen habe, wol berase und vorn Frost und Schnee etwas ertauren könne, und wann es sonderlich in alle Art kömmet und geseet wird, schwimmet es nicht also zusammen, behelt einen feinen Kloß, und ziehen es die Fröste in der Fasten nicht also aus als das späte geseete Korn. Dasselbige ziehen die Fröste in geringen Feldern also aus, daß die Wurzeln wie weiß, klein Garn aufm Felde liegen, als oft in Augenschein befunden wird.

In den Sommerleiten, getüngten oder gepfirchten, guten Feldern darf man nicht so zeitlich seen, denn wenn es zu früe oder zeitlich im Jahre, oder auch zu dicke geseet wird, uberwechst sich das Getreidigt, daß es wol oft in warmen Feldern gar rot[415] wird und ausfaulet, und im Früling bekömpt es wegen desselben Uberwachsens einen kleinen, weichen Halm, wird bald lager[416], wenn es ein wenig naß wittert[417], und wird von Grase uberweltiget, daß es fast gar taub wird und wenig Korn giebet.[418]

[406] siehe Anm. 399.
[407] keimfähig.
[408] sich bestauden.
[409] sich bestocken.
[410] Vorlage: Fengel.
[411] überdauern.
[412] Vorlage: Körlein.
[413] besonders.
[414] liegt.
[415] faulend (von rotten).
[416] lagernd.
[417] Wetter sein.
[418] Die Ausgabe von 1617 hat hier einen Einschub über die Säezeit.

Der Winterweize wird nicht gerne brenticht[419], wann er in der Woche nach crucis exaltationis[420], sonderlich in dem letzten Viertel des Mondenscheins geseet wird, als in Erfahrung viel Jahr nacheinander, Gottlob, befunden worden. Wo auf einem Stücke fünf Scheffel Korn pflegen geseet zu werden, seet man nur vier Scheffel Weizen dahin. In der Fasten und nach Ostern, wenn es dem Weizen wol gewittert[421], daß er dicke und feist stehet und flugs gestaudet hat, mag derselbe zimlichen geschrepfet[422] und auch wol zum andern Mal ubergraset werden, doch daß man nicht zu tief greiffe und zu lang, wenn er in die Kihle treten[423] wil, es geschicht ihme sonsten groser Schade, und pfleget gemeiniglich gar brennicht[424] zu werden. Wenn heisse, dürre Frülinge seind, taug der Weize gar nicht zu schrepfen, es möchten denn die grösten Federn[425] uberlesen werden; denn so er in dürrer Zeit geschrepfet[426] wird, tut die Hitze den Sturzeln[427] wehe, daß er gar bleich und fahl, und oftmals in Kihlen stecken bleibet und gar kurz von Ehren und Halmen wird; pfleget auch den Brand leichtlich zu bekommen. Ist derwegen das Schrepfen nach Gelegenheit der Witterung, und daß den Sachen nicht zu viel getan werde, zu Vorhütung Schadens wol vorzunehmen und fleissig darauf zu sehen.

Das beste Kornseen in gemein uber Winters ist die Woche vor Crucis[428], die Woche, darinne Crucis gefelt, und hernach die andere, und also drei Wochen nacheinander; alle Wintersaat helt man für gut, so im letzten Viertel geschehen. In die gesömmerten Erbeis-, Wicken- und Stopfelfelder aber sol man im vollen Monde seen.

Das Samgetreidigt sol zeitlich ausgedroschen, das schönste und reineste genommen, auf einen Boden fein dünne hingeschüttet werden, daß es dorre und sich etwas erliege, so gehet es denn zugleich zusammen auf, und es ist hieran viel gelegen, was auch auf frischen, trockenen, nicht nassen Böden und Feldern gewachsen, so fein kleinkörnigt und gesamicht, ist allezeit das beste zum Samen, und ergibt sich wol in guten Felde. Wenn das Korn sich wol beraset hat, fett und groß stehet, daß man sich Lagergetreidigt zu besorgen, mag man aufn Froste oder zu trockener Zeit, gegen und in der Fasten, die Schafe auf dem Korn wol gehen lassen, doch nur im Gange uber hinhüten und nicht zu tief hinein fressen lassen, ist solchen frechen Getreidigt mehr nützlich als schädlichen, und dem Schafviehe auch im Frülinge sehr gut und dienstlichen.

Wintergersten und Winterrübesamen[429] sollen den Abend Bartholomaei[430] oder dieselbigen Tage alsbalde in frische, neu Art dem Pfluge nach in ein wol getüngtes und 3 oder 4 mal gearbeitetes Feld, das nicht beraset ist, die Wintergersten zimlich dicke,

[419] brandig.
[420] Kreuzerhebung, 14. September.
[421] günstiges Wetter sein.
[422] schröpfen.
[423] schossen.
[424] brandig.
[425] Federn hier für Blätter.
[426] Vorlage: geschrerffet.
[427] Stoppeln.
[428] Exaltatio Crucis, 14. September.
[429] Winterrübsen.
[430] Bartholomaei apostoli, 24. August.

der Winterrübesamen aber gar dünne geseet, und allenthalben wie ein Weizenacker wol angerichtet werden. Wenn nun eine jetzliche[431] Wintersaat geseet und dann mit den Egen zurecht gebracht ist, muß also balde, ehe das Getreidig aufgehet, mit kleinen Pflugscharen und einem Pferde, das nur in den Furchen gehet, die Beete seichte ausgestrichen[432], und wo es von nöten, Querings[433] oder Wasserfurchen geführt, allenthalben ausgeworfen, und an Örtern eingeschaufelt werden, sonderlich auch, wann es tauet, das Schneewasser gefördert und abgewiesen werden, damit das Wasser zu Felde nicht stehen bleibe und das Getreidig ersauffe. Wo aber das Feld trocken, hoch und abschüssig gelegen, bedarf es des Ausstreichens nicht so gar nötig.

Ackerarbeit zur Sommersaat

Erstlichen die Sommergerste. Zur Sommergersten muß erstlichen der Stuppelacker, da Weize, Korn oder Wintergerste gestanden und getünget gewesen, das also zum Gerstenfelde gut und dienstlichen, fast seichte, daß nur die Stoppeln hinunter kommen, doch fein gleich im Herbst, zeitlich vor Winters gefelget[434], gestürzet oder umbgeackert werden, damit sich die Falge[435] wol erliege und die Stoppeln faulen mögen[436].

Die andere Art

In der Fasten kurz vor der Saatzeit, so es vonnöten, welches Ruhren oder Wendenart genennet wird, geschehen sol, und muß die Falge denn etwas untergriffen[437] werden. In etlichen guten, mörben[438] Feldern aber ist das Ruhren unnötig, und sonderlich, wenn man für[439] der Saat nicht schöne und trockene Zeit darzu hat, denn alle nasse Ruhr uber Winters und Sommers ist sehr schädlichen, und die, so uber Winters naß geschicht, ist gar verloren; doch muß die Falge desto besser vor der Saatart mit scharfen Eiden[440] eingeegt werden. Wann aber die Falge den Winter über in einander geschwummen, und es wil in der Fasten kein trocken Wetter sein, und da Gersten zu seen noch Zeit genug, zu ackern, so ist das Balkenstreiffen[441], oder wie man es an etlichen Örtern nennet, das Schrotten, auch sehr gut anstad des Ruhrens, und das Feld, wann es nach dem Schrotten trocken worden, einen Tag zuvorn, ehe man zur Saat ackern wil, wieder wol eingeegt, geposet[442] oder geschlichtet werden muß.

[431] itzliche = jegliche.
[432] ausstreichen = Wasserfurchen ziehen.
[433] Querfurchen, in denen das Wasser ablaufen kann.
[434] umpflügen, schälen.
[435] Schälfurche.
[436] Die Ausgabe von 1617 bringt ein Einschub über den Brand im Weizen.
[437] flach pflügen.
[438] mürbe.
[439] vor.
[440] Eggen.
[441] siehe Anm. 399.
[442] geeggt (bohsen = eggen).

Die dritte oder nach Gelegenheit die andere Art zur Gersten sol auch fleissig aufgeackert, und von dem Felde, nachdem es gut, ein zimlicher gleicher Same, nicht zu
dicke noch zu dünne gegeben werden, wol und fleissig zu egen, und so der Acker nicht
milde, zu quiren[443] oder auszulengen[444], wo es vonnöten sein wil.

Man pfleget auch die Gersten an vielen Orten in Mist, welchen man zuweilen im
Herbste und gegen dem Frülinge ins Feld führet, gleichergestalt in Pfirch zu seen, was
für Winters darzu gepfircht und gedünget wird, muß alsobald seicht untergeackert;
Gersten in Pfirch gewachsen, malzet ubel. Das Korn im Pfirch gewachsen, gibet blau
Brot.

So aber im Frülinge zu Gersten gedünget, muß der Acker den Herbst zuvorn darzu
umbgestürzet und darnach vor der Saatzeit zweimal geackert, und wie vorgemelt,
beschicket werden.

Uber Sommers ist vonnöten, und wann die Gerste irgend halb Fingers oder Fingers
lang aufgegangen und gewachsen, und so bald es ein Reglein getan hat, daß die Klösser
erweichet und sich drücken lassen (doch daß es nicht zu naß und kleber[445] im Felde sei
und sehr anhenge), sol man die Gerste welzen[446], so kan sie desto besser genau und
schlecht[447] gehauen und rein gerechet werden, behelt auch die Feuchtung in der Dürrung
besser, ist ein grosser Zutrag[448]. Das Welzen, wann es balde zu dürre würde und nicht
regenet, kan jederzeit, ehe die Gerste in die Schoßkühle[449] kömmet, ohne grossen Schaden geschehen, doch daß es alsobalde nach einem kleinen Reglein, wie gemeldet,
geschehe.

Flugs nach dem Egen, wenn auf dem Acker nicht viel Räselein liegen, ist das Welzen
am besten.

Auf die Felder darf keinmal uber Sommers so viel oder dicke geseet werden als
uber Winters. Ins Gerstenfeld, das da gut ist, ersparet man den 8. Teil, im Haferfeld
den 5. Teil, gegen den Wintersamen zu rechnen. Kleinkörnicht Gerste, die nicht recht
spitzig ist, in Stroh nicht erwarmet und auf Boden wol gedorret, ist zum Samen am
besten. Und mit den Gerstenseen muß man sich darnach richten, daß wenn warme,
fruchtbare Nächte einfallen[450] und wol trucken im Felde, ist die Saat zu bestellen.[451]

Hafersaat

Der Hafer mag in eine Art, doch daß mit kleinen Furchen und nicht zu seichte darzu
geackert, mit zimlichen Samen, nit zu dicke, alsobalde in frische Furchen geseet werden,

[443] quereggen.
[444] längseggen.
[445] klebrig.
[446] walzen, mit der Walze überziehen.
[447] schlicht, glatt.
[448] Vorteil.
[449] schossen.
[450] Vorlage: einfallet.
[451] Die Ausgabe von 1617 hat einen kurzen Einschub über das Gerstesäen.

und wol untereget, auch wann er aufgangen, und noch grosse Klöser hat (welches aber selten vorfellet) welzen lassen, häuet und rechet sich desto genauer, reiner und besser. Früer geseeter Hafer, so balde man Frosts halben, und wenn es im Felde treuge worden, darzu kommen kan, gerat gemeiniglich am besten und gewinnet gute Körner. Man pfleget auch wol, wenn der Hafer Fingers lang aufgangen ist, denselben aufzuegen, wenn der Acker derb und feste worden, doch muß solches, wenn es siefert[452], damit der Hafer balde einwurzeln kan, geschehen, ist dem Hafer wol zutreglichen, wird fein braun und strecket sich flugs darnach. Es ist auch nicht undienstlichen[453], die zähen Leiden oder Felder, darein Hafer geseet werden sol, kurz vor Winters umbackern zu lassen, damit sich dieselben den Winter uber erliegen, von Frösten ermiltert[454] und angehenden Früling desto zeitlicher geseet, der Samen wider untergeeget werden möge.

Erbeis und Wicken

Die Erbeisen sol man seen im letzten Viertel des Merzens, nach dem Mondenschein, sonsten im zunehmenden Monat pflegen sie immer zu blüen, langsam zu reiffen und, ehe sie oben reif werden, lauffen die untern aus und faulet das Geströde. Einmal darzu geackert, in frische Art geseet, ist am bequembsten und geraten gemeiniglich wol, es schneie oder tue gleich einen zimlichen Frost darauf, ob sie schon aufgegangen, so ist es ihnen doch nicht in warmer Landart groß schädlichen. Man muß aber von Stunden an die Erbeis und Wicken, welche beide eine Zeit sollen geseet werden, mit den Welzen schlecht[455] machen, damit sie desto besser gehauen und rein gerechet werden mögen.

Wann aber die Erbeis und Wicken aufgegangen, können sie ohne Schaden nicht gewelzet werden, weil solch Getreidich zu fett aufgehet. Es wird stets in diese Felder, so Erbeis oder Wicken getragen, wieder Korn uber Winters geseet. Man pflegt die Erbeis auch wol an vielen Orten erstlich zu seen und seichte unterzuackern, alsdann den Acker mit Eiden[456] fleissig zu egen, und darnach, wo es Notdurft erfordert, zu welzen. Mit 3 Scheffel Erbeis oder Wicken beseet man reichlichen und gar wol so viel Feldes, da sonsten 4 Scheffel Korn hin geseet werden müssen.

Auf daß die Erbeisen nach dem Seen nicht auslauffen und von den Tauben und Krahen aufgefressen werden, pflegen etliche dieselben zuvor zu quellen, ehe man sie seet. Man pfleget solche auch durch alte Weiber und Kinder in den Acker drucken zu lassen, mit Stecken, so anderthalbe Ellen lang sein, gehet es hübsch an; zwo Personen gehen auf einem Beete. Sechs oder acht Personen können in einem Tage etzliche Scheffel eindrücken. In geringer Landart tünget man zu Erbeisen, so wachsen sie so wol als in guten Äckern, wenn nicht darzu getünget wird.

Wenn die geseeten Erbeis in Acker, bevoraus in geringer Landart, sehr gefriren, so werden sie sehr böse und wachsen nicht leichthin lang[457].

[452] tröpfeln, sprühend regnen.
[453] undienlich.
[454] mildern, mürbe machen.
[455] schlicht, eben.
[456] Egge.
[457] Die Ausgabe von 1617 bringt hier einen Einschub von 3 Seiten über Erbsen und Hirse.

Heidenkorn

Das Heidenkorn[458] sol man umb Urbani[459] oder ein 8 Tage zuvor im letzten Viertel des Monden seen, ein oder zweimal darzu ackern, und fleissig einegen, im neuen, gerissenen Rasenfelde pfleget der Heiden oft wol zu geraten.[460]

Lein

Früen Lein seet man umb Walpurgis[461], späte umb Viti[462], den wilden 8 oder 14 Tage zuvor, weil er langsam reif wird, heiligen Lein[463] auch Viti. Aller[464] Lein sol im letzten Viertel geseet werden, so blüet und reifet er zugleich und wird besser am Gespünste[465].

Je mehr Jahr der Leinsamen auf den Boden ruhet, ehe er geseet wird, je lenger und kleinheriger[466] wechset er. Darf auch wenig Jetens.[467]

[458] Buchweizen.
[459] 25. Mai.
[460] Die Ausgabe von 1617 bringt einen Einschub über die Rübensaat.
[461] 1. Mai.
[462] 15. Juni.
[463] für die Kirche bestimmter Lein?
[464] Vorlage: alter.
[465] Gespinst.
[466] feinfaserig.
[467] In der Ausgabe von 1617 folgt ein Einschub von 2 Seiten über den Lein und das Säen von Kappsamen sowie Ratschläge über die Bekämpfung der Erdflöhe durch Ausstreuen von «Roßamsen», d. s. große Waldameisen. Jugel schließt endlich mit den lapidaren Sätzen: «Von Gesinde. Vor alten Knechten und Mägden, wie vor alten Pferden sol sich ein Hausherr hüten. Sie sein zu träge und unvermögen an der Arbeit, auch noch sehr beißig darzu, und gehet doch so viel Kost und Lohn auf sie, denn auf jung, frisch und arbeitsam Gesinde. Item da gemeldet wird, man soll sich vor fremden Gesinde hüten, sol am Ende folgen: Am frembden Kindern und Hunden ist das Brod und alle Woltat verloren.»

Kurze Verzeichnüs der vornembsten Punct, so in dieser Oeconomia verfasset.